Bilingual Cooking

La Cocina Bilingüe

edited and translated by Elizabeth Reid

In One EAR Press
San Diego CA

BILINGUAL COOKING:
LA COCINA BILINGÜE

copyright © 1991 by Elizabeth Reid
In One EAR Press
3527 Voltaire St.
San Diego CA 92106 U.S.A.

Printed in the United States of America
This book is also published in comb binding:
ISBN 0-9627080-1-1

Reid, Elizabeth.
    Bilingual cooking : la cocina bilingüe / Elizabeth Reid. --
p. cm.
Recipes in English and Spanish on facing pages.
Includes index.
ISBN 0-9627080-3-8

1. Cookery, Latin American. 2. Cookery, Mexican. I. Title.

TX716   641.598
                                    QBI91-132

BILINGUAL COOKING

Table of Contents

LA COCINA BILINGUE

Tabla de Contenida

INTRODUCTION

Latin America offers some of the most varied and exotic of dining experiences. While Mexico has one of the most highly developed and distinctive cuisines, other countries submit less spicy yet interesting dishes. This cookbook includes such well-known Mexican favorites as enchiladas and tostadas, as well as some truly delicious unsung treats like chicken pibil. For the adventurous cook, there is the challenge of mole poblano with its dozens of ingredients. There are also dishes from the boisterous Caribbean and the more temperate Argentina. Some dishes are spicy and others are mild.

It seems impossible to agree on the right amount of chile. One person will feel that even a little is too hot, others will seem to be impervious to it, even when the sweat is pouring down their faces. You should feel free to modify the amount of chile to suit your taste. Even change the chile to a different kind that is milder or stronger. Remember, it is always easier to add more chile; once the dish is cooked, you can't take it out!

Some of the dishes presented here will seem familiar. With modern transportation and communication we are living in a global village and foreign countries are adopting some of our dishes as we have adopted some of theirs. It is often impossible to clearly determine the origin of a recipe. After all, people have been cooking and eating for centuries. The goal here is to give you the recipes for some of the exotic foods you may have enjoyed while

INTRODUCCIÓN

Latino América ofrece algunas de las experiencias más variadas y exóticas en el comer. Mientras México tiene la cocina más desarrollada y distinta, otros países presentan platillos menos picosos pero a la vez interesantes. Este libro incluye antojitos mexicanos bien conocidos tal como son las enchiladas y tostadas. Además contiene recetas menos conocidas pero deliciosas como el pollo pibil. Para la cocinera aventurera hay el reto del mole poblano con sus docenas de ingredientes. Hay manjares del Caribe vivaracho y de la Argentina templada. Algunos son picantes y otros no.

Es imposible llegar a un acuerdo en la cantidad correcta de chile. Una persona dice que aún un poquito es mucho y otra parece que no siente lo picante aunque está sudando. Usted debe de sentirse libre de modificar la cantidad de chile a su gusto, hasta cambiar la clase de chile a uno más picante o menos. ¡Recuerde! Es fácil agregar más chile, pero una vez que está cocido el platillo, no se puede sacar el chile.

Algunos de los platillos presentados aquí se ven conocidos. Con la transportación y comunicación moderna vivimos en un "pueblo global" y países extranjeros adoptan recetas uno del otro, tal como nosotros adoptamos algunas recetas suyas. A menudo es imposible averiguar claramente el origen de un platillo. Después de todo, la gente han cocido y comido por siglos. La meta aquí es darle unas de las recetas de los manjares

travelling so that you can recreate them in your home, as well as to include some recipes that are just plain good food.

Each recipe is given in both English and Spanish. This will be helpful if you are confronted by a language barrier when you have contact with someone who is not proficient in English. You can direct them to cook a specific dish and not be surprised at the dinner table. And you can work along side them, each referring to the page in the preferred language, thus promoting cooperation and communication. The bilingual format also allows you to compare the two and learn a few words in a different language while you cook. Have some fun in the kitchen and enjoy the results!

exóticos que usted puede haber disfrutado en sus viajes, para que usted puede recrearlos en su hogar. También hay recetas de comida sencilla y buena.

Cada receta está en inglés y español. Esto será útil si se enfrenta a una barrera de idiomas cuando usted tiene contacto con alguien que no domina el español. Puede dirigirlos a cocinar un platillo especifica y no tener una sorpresa en la mesa a la hora de cenar. Y usted puede trabajar juntos con ellos, cada quien leyendo la página en su idioma preferido, y así promover la cooperación y comunicación. Además el formato bilingüe le permite a comparar las dos páginas y así aprender unas palabras del otro lenguaje mientras cocina. Que se divierta en la cocina y ¡Buen provecho!

HANDLING HOT CHILIES

The spicy chilies used in Mexican and Peruvian cooking require a bit of special handling. Their hotness comes from volatile oils in their flesh and seeds. These oils can make your skin tingle and burn and make your eyes water or sting if not properly handled. A bit of caution can avoid any discomfort.

Wear rubber gloves when preparing fresh or dried hot chilies. Be careful not to touch your face or eyes while working with the chilies. Thoroughly wash the gloves with warm soapy water after working with the chilies, then wash your hands again to remove any of the chili oil you might have picked up. If you get chili in your eye, rub hair in your eye. That's right! The stuff that grows on your head. Now you know why so many Mexican women have long braids—those fashionably short hairstyles don't allow them to reach their eyes with their hair. If your own hair is too short, perhaps a friend or relative will let you use their hair. You might laugh now, but if you get chili in your eye and the tears are rolling down your face, you'll remember.

The seeds are the hottest part of the chili. To prepare chilies, rinse them in cold, not hot, water. Under cold running water, pull off the stems and break or cut the chili in half. Remove the seeds and any ribs that are excessively fleshy. Dried chilies should be cut into small pieces, covered with boiling water and soaked for at least 30 minutes before they are used. Fresh chilies may be used at once, or soaked in cold, salted water for an hour to

COMO MANIPULAR LOS CHILES

Los chiles picantes que se usa en la cocina mexicana y peruana requieren un trato especial. Contienen aceites volátiles en la carne y las semillas que les dan su calidad picosa. Estos aceites pueden irritar y quemar la piel y hacer llorar los ojos si no son manipulados con cuidado. Un poco de precaución evitará cualquier incomodidad.

Se usa guantes de hule al preparar chiles frescos o secos. Tenga cuidado de no tocar la cara u ojos mientras está trabajando con los chiles. Después de trabajar con los chiles, lave bien los guantes con jabón y agua tibia. Luego lavese las manos otra vez para quitar cualquier residuo de aceite de chile. Si entra chile en el ojo, frótelo con pelo. ¡De veras! ¡El cabello de su cabeza! Ahora sabe porque tantas señoras mexicanas usan trenzas largas—estos estilos de pelo corto no las permiten a alcanzar el ojo con el cabello. Si su cabello es muy corto, tal vez una amiga o pariente le presta el suyo. Puede ser que se ríe ahora, pero a la hora que entra chile en el ojo y está llorando, recordará.

La semillas son la parte más picosa del chile. Para preparar los chiles, lavelos en agua fría, no caliente. Debajo de un chorro de agua fría, quite el tallo y corte el chile en dos por lo largo. Remueve las semillas y costillas que son muy gruesas. Los chiles secos se debe cortar en pedazos, cubrir con agua hirviendo, y remojar por 30 minutos por lo menos antes de usarlos. Los chiles frescos se puede usar de una vez, o remojarlos en agua fría y salada

remove some of the hotness. Canned chilies should be rinsed in cold water to remove the brine in which they are preserved. When they are available, canned chilies that are already chopped are a bargain, as seeding and chopping them can be time consuming and uncomfortable.

Remember to wash your hands after handling the chilies. Usually more than once is necessary to take away the chili oil and remove your hands from the class of lethal weapons.

por una hora para disminuir su picar. Los chiles de lata se debe de enjuagar en agua fría para quitar el jugo en que se conservan. Cuando se puede conseguir, los chiles de lata ya picados son una ganga, porque quitar las semillas y picarlos puede ser un proceso prolongado e incómodo.

Recuerde a lavarse las manos después de tocar los chiles. Usualmente se necesita más de una vez para quitar por completo el aceite de chile y sacar las manos de la clasificación de armas letales.

NOTES/NOTAS

SOUPS, SALADS & SAUCES

SOPAS, ENSALADAS Y SALSAS

This creamy soup may be served hot or cold.

CREAM OF AVOCADO SOUP

3 large ripe avocados, peeled and diced
1 1/2 cups heavy cream
6 cups chicken stock
1/4 cup pale dry sherry (optional)
1 teaspoon salt
1/2 teaspoon ground white pepper
tortilla chips to garnish

In a blender, puree 1/3 of the diced avocados and 1/2 cup of the cream, place in a bowl and repeat until all avocado and cream are pureed.

Bring the chicken stock to a boil in a 3–quart saucepan over high heat. Reduce to low heat and gradually stir in the avocado puree. Add the sherry, salt and pepper. To serve hot, place soup in tureen or individual serving bowls and garnish with tortilla chips. Or refrigerate and serve cold with same garnish.

Esta sopa cremosa se sirve o caliente o fría.

SOPA DE CREMA DE AGUACATE

3 aguacates grandes y maduros, pelados y
    picados
1 1/2 tazas de crema
1 1/2 litros de caldo de pollo
1/4 taza de vino de Jerez (opcional)
1 cucharita de sal
1/2 cucharita de pimienta blanca
totopos para guarnecer

    En la licuadora ponga 1/3 de los
aguacates y 1/2 taza de crema y bata hasta
uniforme. Repita hasta que todo el aguacate y
la crema están batidos.

    En una olla de 3 litros, hierva el caldo
de pollo a fuego vivo. Rebaje a fuego lento y
agregue el puré de aguacate. Añade el vino de
Jerez, la sal y la pimienta. Para servir caliente,
ponga la sopa en una fuente o en soperos
individuales y guarnece con totopos. O para
sopa fría, enfríe y sirva con el mismo adorno.
Rinde 8 porciones.

This refreshing salad is a tasty side dish for tacos, enchiladas, tostadas or other Mexican dishes. It keeps well in the refrigerator, too.

APPLE BEAN SLAW

1 small head cabbage
1/4 cup mayonnaise
1 tablespoon catsup
dash hot sauce (optional)
1 teaspoon lemon juice
dash salt
1 cup cooked kidney beans or red beans
1 medium red apple, cut into julienne strips

For garnish, remove 6–8 outer leaves from cabbage and put them aside. Shred 1/4 cabbage (about 2 cups). In a large bowl, mix mayonnaise, catsup, hot sauce if desired, lemon juice and salt. Add cabbage, beans and apple; toss gently until well coated.

Line platter or bowl with reserved leaves and fill with cabbage mixture. Chill until time to serve. Makes 8 servings.

Esta ensalada refrescante es sabrosa para acompañar tacos, enchiladas, tostadas u otros antojitos Mexicanos. Se conserva bien en el refrigerador.

ENSALADA DE REPOLLO CON MANZANAS

1 repollo pequeño
1/4 taza de mayonesa
1 cucharada de salsa catsup
unas gotas de salsa picante (opcional)
1 cucharita de jugo de limón
un poco de sal
1 taza de judía colorada o alubia
1 manzana roja, cortada en tiras

Para adorno, se quita 6 o 8 hojas exteriores del repollo y se las guarda. Se corta en tiras finas 1/4 del repollo (aproximadamente 2 tazas). En un plato hondo, mezcle la mayonesa, salsa catsup, salsa picante, el jugo de limón y la sal. Agregue el repollo, las judías coloradas o alubias y la manzana. Mezcle suavemente hasta revestir todo.

Se hace un forro en una ensaladera con las hojas reservadas. Luego se lo llena con la mezcla de repollo. Enfríe hasta la hora de servir. Rinde 8 porciones.

This popular sauce is served with every meal in Mexico. You'll discover that it adds pizzazz to a variety of foods. Experiment! You could grow to love it. It can be made mild or hot by varying the proportion of serrano chile.

UNCOOKED SALSA

4 medium tomatoes (about 1 pound)
1/3 cup finely chopped onions
3 cloves garlic, minced
1 tablespoon coarsely chopped fresh cilantro
1 teaspoon finely chopped serrano chile
1/2 teaspoon salt
1/4 teaspoon ground pepper
1/4 teaspoon oregano

Scald the tomatoes in boiling water and remove them after 15 seconds. Run cold water over them and peel them, cutting away the stem. Slice the tomatoes in half crosswise and gently squeeze out the seeds and excess juice. Finely chop tomatoes.

In a large bowl, combine the tomatoes, onion, garlic, cilantro, chili, salt, pepper, and oregano. Mix gently and thoroughly with a spoon. Serve at once. This salsa may be refrigerated for up to two days if not used immediately. Makes about 2 cups.

Esta salsa popular se sirve con cada comida en México. Usted descubrirá que aviva una gran variedad de alimentos. Pruebe! Puede ser que usted se enamore. Se puede hacerla blanda o picante por variar la cantidad de chile serrano.

SALSA CRUDA

4 tomates medianos (1/2 kilo, más o menos)
1/3 taza de cebolla picada
3 dientes de ajo, picado
1 cucharada de cilantro, picado
1 cucharita de chile serrano, picado
1/2 cucharita de sal
1/4 cucharita de pimienta
1/4 cucharita de orégano

Escalde los tomates en agua hirviendo y remuévalos después de 15 segundos. Derrame agua fría en ellos y pélelos, quitando el tallo. Corte los tomates en dos por el ecuador y suavemente exprima las semillas y el exceso de jugo. Pique los tomates.

En un plato hondo, combine los tomates, la cebolla, el ajo, el cilantro, el chile, la sal, la pimienta y el orégano. Mezcle suavemente y completamente con una cuchara. Sirva luego. Esta salsa se puede conservar en el refrigerador por hasta 2 días si no se use inmediatamente. Rinde 500 mililitros.

BEAN SOUP

4 slices bacon, diced
1 cup chopped onion
3/4 cup chopped celery
1 clove garlic, minced
1 can (4 oz.) chopped green chilies
1 can (16 oz.) refried beans
1/4 teaspoon black pepper
1/4 teaspoon chili powder
3–4 drops hot sauce
1 can (13 oz.) chicken broth
1/2 cup shredded Jack cheese
1 cup tortilla chips

In a 2 quart saucepan cook bacon till crisp. Add onion, celery and garlic; cook over low heat for 10 minutes till tender. Add green chilies, beans, pepper, chili powder, hot sauce, and chicken broth; stir. Simmer for 10 minutes. Garnish individual dishes with shredded cheese and tortilla chips. Serves 4.

SOPA DE FRIJOLES

4 rebanadas de tocino, picadas
1 cebolla grande, picada
3/4 taza de apio picado
1 diente de ajo, picado
1 lata (113 gramos) de chile verde, picado
1 lata (450 gramos) de frijoles refritos
1/4 cucharita de pimienta negra
1/4 cucharita de polvo de chile
3–4 gotas de salsa picante
1 lata (400 mililitros) de caldo de pollo
125 mililitros de queso blanco, rallado
1 taza de totopos

En una olla, se cuece el tocino hasta que esté dorado. Se agrega la cebolla, el apio y el ajo; se cuece a fuego lento por 10 minutos hasta que estén tiernos. Se añade los chile, los frijoles, la pimienta, el polvo de chile, la salsa picante, y el caldo de pollo; se revuelve. Se deje cocinar por 10 minutos. Se guarnece con queso y totopos encima de cada porción individual. Rinde 4 porciones.

GREEN BEAN SALAD

2 cups cooked green beans
3 hard boiled eggs
6 tomatoes
3 green bell peppers
3 red bell peppers
1/3 cup of green or black olives, pitted
6 small onions
12 small fish filets, cooked
1 clove of garlic
1 hard boiled egg yolk
1/4 teaspoon ground sweet basil
6 tablespoons of olive oil
6 tablespoons of vinegar
1/2 teaspoon salt
1/4 teaspoon pepper

Slice the tomatoes and hard boiled eggs and put aside. Clean the bell peppers and slice in strips; peel the onions and slice in rings. Mix the bell pepper strips, onion slices and pitted olives with the green beans.

In another bowl, mince the fish filets, the garlic, the hard boiled egg yolk and the sweet basil, making a puree. A little at a time, add the olive oil, vinegar, salt and pepper. Season the vegetables with half of this mixture, tossing them to coat evenly.

Line the salad bowl with the tomato and hard boiled egg slices, put the marinated vegetables in the salad bowl, garnishing the center with a tomato and hard boiled egg slice. Pour the rest of the dressing over the salad and chill until time to serve. Serves 6.

ENSALADA DE EJOTES

2 tazas de ejotes cocidos
3 huevos duros
6 tomates
3 pimientos verdes
3 pimientos rojos
100 gramos de aceituna verde o negra, sin
    huesos
6 cebollitas
12 filetitos de pescado, cocidos
1 diente de ajo
1 yema de huevo duro
1/4 cucharita de albahaca
6 cucharadas de aceite de oliva
6 cucharadas de vinagre
1/2 cucharita de sal
1/4 cucharita de pimienta

Corte los tomates y los huevos duros en ruedas y reserve; limpie los pimientos y córtelos en tiras; pele las cebollas y córtelas en aros. Mezcle los ejotes con las tiras de pimiento verde y rojo, los aros de cebolla y las aceitunas sin hueso.

Por otro lado, pique los filetes de pescado, el ajo, la yema del huevo duro y la albahaca, haciendo un puré. Agregue poco a poco el aceite de oliva, el vinagre, la sal y la pimienta. Sazone las verduras con la mitad de esta salsa, moviéndolas para dar una capa uniforme. Guarnesa las paredes de la ensaladera con las ruedas de tomate y huevo duro. Ponga las verduras en la ensaladera, adornando el centro con ruedas de tomate y huevo duro. Coloque encima lo demás de la salsa. Rinde 6 porciones.

AVOCADO SALSA

3 ripe, firm tomatoes
2 large avocados
1/2 white onion
1/4 bunch cilantro
2–3 medium jalapeno chiles
juice of 2 lemons or 3 limes
salt to taste

Dice tomatoes, avocados, onions and cilantro. Seed and chop chiles. Add juice of lemon or lime and salt. Mix with a fork. Chill for 2 hours before serving. Serves 4–6.

SALSA CON AGUACATE

3 tomates, grandes y firmes
2 aguacates grandes
1/2 cebolla blanca
1/4 manojo de cilantro
2 o 3 chiles jalapeño
jugo de 2 limones o 3 limas
sal al gusto

     Se pica los tomates, aguacates, cebolla y cilantro. Se quita las semillas de los chiles y los pica. Se agregue el jugo de limón o de lima y la sal. Se mezcla con tenedor. Se enfría por 2 horas antes de servir. Rinde 4–6 porciones.

This salad is easy to make, and most of the ingredients can be kept on hand for unexpected guests. If you have been wondering about eating nopal cactus, this is a gringo–style way to try it. The green chiles add flavor, but the salad is not spicy.

MEXICAN TUNA SALAD

1 can tuna
1 jar nopales or 3/4 cup diced prepared cactus
1 can diced green chiles
3–5 stalks of celery, chopped
3/4 cup mayonnaise
3–4 dashes of hot sauce
4 leaves of lettuce
1 tomato, sliced
4–8 radishes

Combine the tuna, nopales, green chiles, celery and mayonnaise in a bowl. Add dashes of hot sauce to spice it up if desired. Chill for at least one hour. Serve on lettuce leaves. Garnish with tomato slices and radishes. Serves 4.

Esta ensalada es fácil de hacer, y casi todos los ingredientes se tiene en su despensa si le visiten invitados inesperados. Si usted ha pensado en los nopales, este estilo "gringo" es bueno para probarlos por primera vez. Los chiles verdes dan sabor pero no son picantes.

ENSALADA DE ATÚN A LA MEXICANA

1 lata de atún
1 frasco de nopales o 3/4 de taza de nopales
        frescos, preparados y picados
1 lata de chile verde, picado
3–5 ramos de apio, picado
3/4 taza de mayonesa
3–4 gotas de salsa picante
4 hojas de lechuga
1 tomate en rebanadas
4–8 rábanos

Combine el atún, los nopales, los chile verdes, el apio y la mayonesa en un plato hondo. Agregue unas gotas de salsa picante si desee. Enfríe por una hora, por lo menos. Sirva en las hojas de lechuga. Adorne con rebanadas de tomate y rábanos.
Rinde 4 porciones.

A great soup for those cool fall days. This soup is an elegant beginning to dinner. Or, serve it for a warming lunch.

PUMPKIN/LENTIL SOUP

1/4 cup margarine
2 large onions, chopped
1/2 cup lentils
5 cups chicken stock
1 1/2 cups cooked and mashed pumpkin (or
        canned)
1/8 teaspoon marjoram
1/8 teaspoon coarsely ground pepper
dash of hot sauce
1 cup half–and–half
salt to taste
1/2 cup roasted, salted peanuts

Melt margarine in a large kettle; add onions and cook until lightly browned. Stir in lentils and chicken stock. Add pumpkin. Crush herbs and add to soup along with pepper and hot sauce. Simmer about 1 1/2 hours or until lentils are done. Let cool, then puree in blender.

At serving time, heat to simmering; add half–and–half and salt. Pour into soup bowls and top with peanuts. Makes 6 to 8 servings.

Una sopa magnífica para esos días frescos de otoño. Esta sopa es un principio elegante a la cena. O, sírvala para una comida cálida.

SOPA DE CALABAZA DE CASTILLA

1/4 taza de margarina
2 cebollas grandes, picadas
1/2 taza de lentejas
1 litro más 1 taza de caldo de pollo
1 1/2 tazas de calabaza de castilla, cocida y
        hecho pasta (o de lata)
1/4 cucharita de mejorana
1/4 cucharita de pimienta
1 chorrito de salsa picante
1 taza de media crema
sal al gusto
1 taza de cacahuetes salados

      Derrita la margarina en una olla grande; agregue las cebollas y cuece hasta un poco doradas. Ponga las lentejas y el caldo de pollo en la olla. Agregue la calabaza y mueva todo. Machuque las hierbas y agregue a la sopa con la pimienta y salsa picante. Cuece a fuego lento por una hora y media o hasta que las lentejas están cocidas. Deje enfriar, entonces ponga en la licuadora y bátala.

      A la hora de servir, caliéntela a punto de hervir, agregue la media crema y la sal. Ponga en soperos individuales y salpique con cacahuetes. Rinde entre 6 y 8 porciones.

This smooth avocado sauce goes well over tacos and tostadas, or serves as a dip with tortilla chips. Also tasty over shredded lettuce or other greens for a hearty salad dressing.

GUACAMOLE

2 large ripe avocados
1 tablespoon finely chopped onion
1 tablespoon finely chopped chile serrano
1 medium tomato, peeled, seeded and coarsely chopped
1 tablespoon finely chopped cilantro
1 tablespoon lemon juice
1/2 teaspoon salt
1/8 teaspoon black pepper
dash hot sauce (optional)

Peel the avocados and cut into chunks, removing the seeds. In a bowl, mash the avocados with a fork, until they are a smooth puree. Add the chopped onion, chili, tomato, cilantro, lemon juice, salt, pepper and hot sauce if desired. Mix thoroughly. Serve at once. Makes about 2 cups.

If any guacamole is left over, put it in an air tight container; put one of the avocado seeds in the container with the guacamole and add a squeeze of lemon juice. Cover tightly and refrigerate.

Esta sabrosa salsa de aguacate va bien sobre tacos y tostadas, o se sirve con totopos. Además es rico sobre lechuga rayada para un aderezo nutritivo.

GUACAMOLE

2 aguacates maduros y grandes
1 cucharada de cebolla picada
1 cucharada de chile serrano picado
1 tomate mediano, pelado, sin semillas y
      picado
1 cucharada de cilantro picado
1 cucharada de jugo de limón
1/2 cucharita de sal
1 pellizco de pimienta negra
un chorrito de salsa picante

        Pele los aguacates y córtelos en piezas, quitando las semillas. En un plato hondo, machuque los aguacates con un tenedor hasta que hacen una pasta uniforme. Agregue la cebolla picada, el chile, tomate, cilantro, jugo de limón, la sal, pimienta y salsa picante (si desee). Mezcle completamente. Sirva inmediatamente. Rinde aproximadamente 1/2 litro.

        Si quede algo de guacamole, póngalo en un recipiente que sella; ponga una de las semillas de aguacate en el recipiente con el guacamole y agregue un chorrito de jugo de limón. Tápelo bien y conserve en el refrigerador.

VEGETABLE MEDLEY

1 can (16 oz.) green beans, drained
1 can (16 oz.) sliced carrots, drained
1 cup celery, diced
1 can (6 oz.) sliced water chestnuts, drained
1/4 cup sliced ripe olives
1 bottle Italian dressing
lettuce

Combine vegetables; pour dressing over them. Cover and marinate in refrigerator for several hours or overnight. Drain vegetables; arrange on lettuce covered platter. Serves 6.

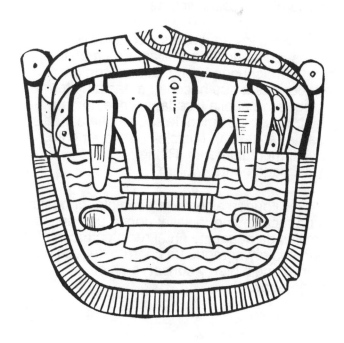

POPURRÍ DE VERDURAS

1 lata (450 gramos) de ejotes, sin su liquido
1 lata (450 gramos) de zanahorias en
    rebanadas, sin su liquido
1 taza de apio, picado
1 lata (170 gramos) de castaña china
1/4 taza de aceitunas negras, en rebanadas
1 botella (250 mililitros) de aderezo italiano
lechuga

Combine las verduras; ponga encima el aderezo. Tape bien y deje reposar en el refrigerador por varias horas o por una noche. Cuele las verduras y arréglelas en un platón con un forro de lechuga. Rinde 6 porciones.

RED CHILE SALSA

5 dried ancho chiles
1 cup boiling water
1 or more dried pequin chiles, crumbled
3 medium tomatoes, peeled, seeded, coarsely
　　　chopped
1/2 cup coarsely chopped onions
1/4 teaspoon minced garlic
1/4 cup olive oil
1 tablespoon chopped parsley
1/2 teaspoon oregano
1/2 teaspoon sugar
1/2 teaspoon salt
1/8 teaspoon black pepper
1 tablespoon red wine vinegar

　　　Seed the ancho chiles and cut away
theirs stems under cold, running water. Cut
them into small pieces and place them in a
small bowl. Pour 1 cup of boiling water over
them and let soak for 30 minutes. Combine the
ancho chiles, 1/4 cup of the water used to soak
them, the pequin chile, tomatoes, onions and
garlic in blender. Blend for 1·minute or until
smooth.

　　　In a skillet, heat the oil over moderate
heat. Add the puree and cook uncovered for 5
minutes, stirring occasionally. Stir in the
parsley, oregano, sugar, salt and pepper.
Remove from the heat and add the vinegar.
Makes about 2 cups. May be stored in
refrigerator for up to 4 days.

SALSA ROJA

5 chiles anchos, secos
1 taza de agua hirviendo
1 o más chile pequín, desmenuzado
3 tomates medianos, pelados, sin semillas y
    picados
1/2 taza de cebolla picada
1/4 cucharita de ajo picado
1/4 taza de aceite de oliva
1 cucharada de perejil, picado
1/2 cucharita de orégano
1/2 cucharita de azúcar
1/2 cucharita de sal
1 pellizco de pimienta negra
1 cucharada de vinagre de vino tinto

Quite las semillas y los tallos de los chiles anchos debajo de un chorro de agua fría. Córtelos en piezas chicas y ponga los en un plato hondo pequeño. Vierta 1 taza de agua hirviendo sobre ellos y déjelos remojar por 30 minutos. Combine los chiles anchos, 1/4 taza del agua de remojarlos, el chile pequín, los tomates, la cebolla, y el ajo en una licuadora. Mezcle por un minuto o hasta uniforme.

En un sartén, caliente el aceite a fuego regular. Agregue la mezcla de la licuadora y cuece sin tapar por 5 minutos, moviéndola de vez en cuando. Combine el perejil, el orégano, el azúcar, la sal y la pimienta en el sartén. Quítelo del fuego y agregue el vinagre. Rinde 500 mililitros. Se puede guardar en el refrigerador por 4 días.

Seasoned with pineapple, which grows
abundantly in Mexico's tropical zone, this
salad is a unique blend of flavors.

TUNA RICE SALAD

1 can (6 1/2 or 7 ounces) tuna
2 cups fresh pineapple or 1 can (13 1/2
        ounces) pineapple chunks
2 cups chilled cooked rice
1 cup mayonnaise
1 teaspoon chili powder
1 cup seedless green grapes
1 cup sliced celery
1/2 cup salted peanuts
6–8 leaves of lettuce
pineapple slices or grapes for garnish

Drain and flake tuna; chill. Drain
pineapple chunks if using canned; reserve 1/4
cup of juice. Combine rice, mayonnaise,
pineapple juice and chili powder. Cover and
chill about 1 hour. Add pineapple chunks,
green grapes, celery and peanuts; mix well.
Fold in tuna. Cover and chill until ready to
serve. Serve on lettuce leaves, garnish with
fruit as desired. Makes 6 to 8 servings.

Sazonada con piña, que abunda en la zona tropical de México, esta ensalada es única en su combinación de sabores.

ENSALADA DE ATÚN Y ARROZ

1 lata de atún
2 tazas de piña fresca, en cubos, o 1 lata
      (13 1/2 onzas) de piña en cubos
2 tazas de arroz cocido, frío
1 taza de mayonesa
1 cucharita de polvo de chile
1 taza de uvas verdes sin semilla
1 taza de apio en rebanadas
1/2 taza de cacahuetes (maníes)
6 o 8 hojas de lechuga
rebanadas de piña o uvas para adornar

      Quite el líquido del atún y separe en trozos; enfríe. Si usa piña de lata, quite el líquido, reservando 1/4 taza de jugo. Combine el arroz, la mayonesa, el jugo de piña y el polvo de chile. Cubra y enfríe por una hora. Agregue la piña, las uvas verdes, el apio, y los cacahuetes; mezcle bien. Agregue el atún. Tape y ponga en el refrigerador hasta la hora de servir. Sirva en las hojas de lechuga, adornando con fruta si desee. Rinde 6–8 porciones.

This is a modern short-cut to the traditional favorite. It can be a light meal or the beginning of a hearty repast.

EASY MEAT BALL SOUP

1/2 pound ground beef
1/4 teaspoon salt
1/8 teaspoon pepper
1 bell pepper
1 onion
2 cans condensed minestrone soup
2 soup cans of water

Season beef with salt and pepper; shape into 18 meatballs. Wash the bell pepper and seed it. Cut bell pepper into 3/4 inch chunks. Peel and chop onion.

Brown the meatballs, onion and bell pepper in a saucepan; add shortening or oil if the ground beef is very lean. Cook over low heat for 5 minutes. Pour off fat. Stir in soup and water. Heat to boiling, stirring occasionally.

Serve with red salsa and fresh tortillas or bolillos. Serves 6.

Esta receta es un atajo moderno a un favorito tradicional. Hace una merienda o el principio de un banquete.

SOPA DE ALBÓNDIGAS FÁCIL

230 gramos de carne molida
1/4 cucharita de sal
1 pellizco de pimienta
1 chile marrón
1 cebolla
2 latas de sopa minestrone, condensada
2 latas de agua

Sazonar la carne con la sal y pimienta; forme en 18 albóndigas. Lavar el chile marrón y quitar las semillas. Cortarlo en piezas de 1 1/2 centímetros. Pelar y picar la cebolla.

Dorar las albóndigas, la cebolla y el chile marrón en una olla; se puede agregar manteca o aceite si la carne no tiene mucha grasa. Cocinar a fuego lento por 5 minutos. Quitar el aceite extra. Agregar la sopa y el agua. Calentarla, moviéndo la sopa de vez en cuando hasta hervir.

Se sirve con salsa fresca y tortillas recién hechas o bolillos. Rinde 6 porciones.

39

This refreshing cold soup hails from Spain.

GAZPACHO

1 cup finely chopped, peeled tomato
1/2 cup finely chopped celery
1/2 cup finely chopped cucumber
1/2 cup finely chopped green pepper
1/2 cup finely chopped onion
2 teaspoons minced parsley
2 teaspoons chopped chives
1 teaspoon minced garlic
1/2 teaspoon Worcestershire sauce
3 tablespoons wine vinegar
2 tablespoons olive oil
2 1/2 cups tomato juice
1 teaspoon salt
1/4 teaspoon pepper

Combine tomatoes, celery, cucumber, green pepper and onion in a large glass bowl. Sprinkle parsley, chives and garlic over vegetables. Combine Worcestershire sauce, wine vinegar, olive oil and tomato juice in a jar. Cover and shake well. Pour over vegetables; add salt and pepper; toss to mix well.

Cover bowl and place in refrigerator; chill at least 4 hours or overnight. Serve cold. Makes 4 servings.

Esta sopa refrescante viene de España.

GAZPACHO

1 taza de tomate, pelado y picado
1/2 taza de apio, picado
1/2 taza de pepino, picado
1/2 taza de chile marrón, picado
1/2 taza de cebolla, picada
2 cucharadas de perejil, picado
2 cucharadas de cebollino, picado
1 cucharita de ajo, picado
1/2 cucharita de salsa inglesa
3 cucharadas de vinagre de vino
2 cucharadas de aceite de oliva
625 mililitros de jugo de tomate
1 cucharita de sal
1/4 cucharita de pimienta

Se combina los tomates, apio, pepino, chile marrón, y cebolla en una ensaladera de cristal. Se rocía con el perejil, cebollino y ajo. En un frasco, se pone la salsa inglesa, vinagre de vino, aceite de oliva y jugo de tomate; se tapa el frasco y lo agita para mezclar bien. Se pone esta mezcla encima de las verduras; se agregue la sal y pimienta y se revuelve para mezclar.

Se tapa la ensaladera y se la pone en el refrigerador. Se enfría por 4 horas por lo menos, o por la noche. Se sirve fría. Rinde 4 porciones.

This is a wonderful appetizer or a healthy snack. It goes with chips, too!

SPICY VEGGIE DIP

1/2 cup mayonnaise
2 tablespoons chile sauce
1–3 dashes hot sauce (optional)
1 tablespoon grated onion
1 teaspoon tarragon vinegar
1/4 teaspoon salt
1/4 teaspoon chile powder
1/8 teaspoon thyme
1 carton (8 ounces) plain yoghurt
cherry tomatoes
carrot sticks
celery sticks
jicama slices
zucchini slices

Stir together mayonnaise, chili sauce, hot sauce if desired, onion, vinegar, salt, chile powder and thyme. Fold in yoghurt; chill. Remove stems and make a small cut in cherry tomatoes (to prevent juice from squirting when bitten). Serve vegetables with dip. Makes 1 1/2 cups dip.

Este es un entremes maravilloso o una botana saludable. ¡Va con totopos, también!

CREMA PARA VEGETALES

1/2 taza de mayonesa
2 cucharadas de salsa casera
1-3 gotas de salsa picante (opcional)
1 cucharada de cebolla rayada
1 cucharita de vinagre de estragón
1/4 cucharita de sal
1/4 cucharita de polvo de chile
1 pellizco de tomillo
1 frasco (250 mililitros) de yogurt sin sabor
tomates chiquitos
zanahorias en tiras
apio en tiras
jícama en rebanadas
calabacita italiana en rebanadas

Combine la mayonesa, la salsa casera, la salsa picante si desee, la cebolla, el vinagre, la sal, el polvo de chile y el tomillo. Agregue el yogurt; enfríe. Quite los tallos de los tomates chiquitos y haga un corte en cada uno (para prevenir que el jugo salpique cuando se muerde). Sirva vegetales con la crema. Rinde 1 1/2 tazas.

This refreshing dressing has two variations: one for fresh fruit and one for fresh vegetables or greens. Try them both!

LEMON DRESSING FOR FRUIT

1 cup sour cream
1 teaspoon fresh grated lemon peel
3 tablespoons lemon juice
2 tablespoons sugar

Combine ingredients and chill until time to serve. Makes a refreshing dressing for fruit salad. Serve over coarsely chopped fresh fruit in season.

LEMON DRESSING FOR VEGETABLES

1 cup sour cream
1/2 teaspoon fresh grated lemon peel
3 tablespoons lemon juice
dash hot sauce
2 teaspoons Italian salad dressing mix from an
    envelope

Combine ingredients and chill until time to serve. Serve over vegetable salad, greens, or as a dip for hors d'oeuvres.

Este aderezo refrescante tiene dos
variaciones: una para fruta fresca y una para
vegetales frescos o verduras. Pruebe los dos!

ADEREZO DE LIMÓN PARA FRUTA

250 mililitros de crema agria
1 cucharita de cascara de limón, rallada
3 cucharadas de jugo de limón
2 cucharadas de azúcar

     Combine los ingredientes y enfríe hasta
la hora de servir. Hace un aderezo refrescante
para ensalada de fruta. Sirva sobre frutas
frescas de la temporada, peladas y cortadas
en piezas.

ADEREZO DE LIMÓN
PARA VEGETALES

250 mililitros de crema agria
1/2 cucharita de cascara de limón, rallada
3 cucharadas de jugo de limón
un poco de salsa picante
2 cucharitas de polvo para aderezo Italiano de
    un sobre

     Combine los ingredientes y enfríe hasta
la hora de servir. Sirva sobre ensalada de
vegetales, verduras, o con totopos y apio para
un entremes.

Many Latin Americans recall their European heritage in their style of cooking. This hearty salad that can serve as a cool main dish. And it puts leftovers to good use.

SPANISH RICE SALAD

1 1/2 cups rice, cooked and chilled
1/8 teaspoon saffron
1 cup diced cooked ham
1 cup cooked fresh or frozen peas, chilled
1/2 cup sliced pimento stuffed olives
3 tablespoons olive oil
3 tablespoons vinegar
2 medium tomatoes, sliced
3 hard-cooked eggs, sliced

Combine rice, ham, peas, and olives in mixing bowl. Add olive oil, saffron and vinegar. Mix carefully until all ingredients are evenly coated with oil mixture. Chill about 1 hour.

Spoon salad in center of large plate. Cut tomato slices in half. Arrange tomato and egg slices around salad. Serves 6.

Muchos Latinos recuerdan su heredad española en su estilo de cocinar. Esta ensalada nutritiva se puede servir como platillo fuerte. Y utiliza comida que sobra.

ENSALADA DE ARROZ ESPAÑOL

1 1/2 tazas de arroz, cocido y frío
un pellizco de azafrán
1 taza de jamón, cocido y en cubos
1 taza de guisantes, frescos o congelados
1/2 taza de aceitunas rellenas con pimiento, en
       rebanadas
3 cucharadas de aceite de oliva
3 cucharadas de vinagre
2 tomates medianos, en rebanadas
3 huevos duros, en rebanadas

      Combine el arroz, jamón, los guisantes, y las aceitunas en un plato hondo. Agregue el aceite de oliva, el azafrán y el vinagre; mezcle con cuidado hasta que los ingredientes se revisten con el aceite. Enfríe por una hora más o menos.

      Ponga la ensalada en el centro de un plato grande. Corte las rebanadas de tomate en medio. Arregle las rebanadas de tomate y huevo duro alrededor de la ensalada.

NOTES/NOTAS

MEATS & MAIN DISHES

CARNES Y PLATILLOS FUERTES

A traditional "Company's coming" dish
throughout Latin America.

CHICKEN WITH RICE

1 frying chicken (2 to 2 1/2 pounds), cut up
1 teaspoon crumbled dried oregano
2 peppercorns
1 garlic clove, peeled
3 1/2 teaspoons salt
2 teaspoons olive oil
1 teaspoon vinegar
1 tablespoon oil
2 ounces cured ham, chopped
1 ounce salt pork or 1 strip bacon, chopped
1 onion, peeled
1 green pepper, seeded
1 California chile, seeded
2 leaves cilantro or 2 sprigs parsley
6 green olives, pitted
1 teaspoon capers
1 fresh tomato
2 tablespoons achiote oil**
1/4 cup tomato sauce
2 1/4 cups rice
2 cups green peas (frozen or canned)
1/2 cup pimentos

Mash oregano, peppercorns, garlic,
salt, oil and vinegar in mortar; rub mixture into
chicken pieces. Heat oil in a large deep kettle.
Add ham and salt pork and brown over high
heat. Add chicken pieces; brown lightly on all
sides. Reduce heat to moderate.

Chop onion, green pepper, chili,
cilantro, olives, capers and tomato and add to

Un platillo tradicional para invitados por todo
Latino América.

ARROZ CON POLLO

1 pollo (más o menos 1 kilo), cortado en piezas
1 cucharita de orégano, desmenuzado
2 granos de pimienta
1 diente de ajo, pelado
1 cucharada de sal
2 cucharitas de aceite de oliva
1 cucharita de vinagre
1 cucharada de aceite
60 gramos de jamón picado
30 gramos de cecina o tocino
1 cebolla, pelada
1 pimiento marrón, sin sus semillas
1 chile California, sin sus semillas
2 hojas de cilantro o de perejil
6 aceitunas verdes, sin huesos
1 cucharita de alcaparras
1 tomate fresco
2 cucharadas de aceite de achiote**
1/4 taza de salsa de tomate
2 1/4 tazas de arroz
2 tazas de guisantes verdes (congelados o en
        lata)
1/2 taza de pimientos

Machuque el orégano, los granos de
pimienta, el ajo, la sal, el aceite de oliva y el
vinagre en un mortero; frote la mezcla en las
piezas de pollo. Caliente el aceite en una olla
honda. Agregue el jamón y cecina o tocino y
dore a fuego vivo. Agregue las piezas de pollo;
dórelas en todos lados. Baje el fuego.

chicken; cook for 5 minutes. Add achiote oil, tomato sauce and rice and cook for 5 minutes.

Add 3 cups boiling water to chicken and rice. Mix well with a large spoon, turning rice from bottom to top. Cover pan and cook over low heat for 20 minutes. Add peas, stir rice again; cover and cook 10 minutes longer. Garnish with pimentos. Serve at once. Makes 6 servings.

**For achiote oil, heat 2 tablespoons achiote seeds and 2 tablespoons oil over low heat for about 10 minutes. Strain out seeds. Achiote oil may be stored in a tightly closed jar.

Pique la cebolla, pimiento marrón, chile, cilantro, aceitunas, alcaparras y tomate y agregue al pollo; cuece por 5 minutos. Ponga el aceite de achiote, la salsa de tomate, y el arroz y cuece por 5 minutos más.

Hierva 3 tazas de agua y agréguelo al pollo y arroz. Mezcle bien con una cuchara, trayendo el arroz del fondo hasta arriba. Tape la olla y cuece a fuego lento por 20 minutos. Ponga los guisantes, mueva el arroz otra vez; tape y cuece por 10 minutos más. Adorne con pimientos. Sirva inmediatamente. Rinde 6 porciones.

**Para manteca o aceite de achiote, caliente 30 mililitros de semillas de achiote y 30 mililitros de manteca o aceite a fuego lento por 10 minutos. Cuele las semillas.

FRENCH CHILAQUILES

2 tomatoes
2 green Serrano chilies
1 cup milk
4 ounces farmer cheese or Jack cheese,
        grated
2 tablespoons sour cream
6 tortillas, cut into triangles
1 teaspoon salt
1/4 teaspoon pepper

Saute the diced tomatoes and chilies, then put them in the blender with the milk, sour cream, salt and pepper. Blend thoroughly.

In a casserole, put a layer of tortilla pieces, pour a little of the mixture over them and sprinkle with grated cheese; repeat with more layers until all the ingredients have been used. Put the casserole in the oven at 350 degrees Fahrenheit for 20–30 minutes.
Serves 2.

CHILAQUILES FRANCESES

2 tomates
2 chiles verde serrano
1 taza de leche
120 gramos de queso fresco o queso blanco,
   rallado
2 cucharadas de crema agria
6 tortillas cortadas en triángulos
1 cucharita de sal
1/4 cucharita de pimienta

Se cuece los tomates y los chile, luego se ponen en la licuadora con la leche, crema agria, sal y pimienta. Se licúa.

En un platón se pone una base de tortillas y se le pone algo de la mezcla, se le espolvorea queso; se repite con más capas así hasta terminar con los ingredientes. Se mete al horno a 180 grados centígrado durante 20–30 minutos. Rinde 2 porciones.

CHICKEN WITH AVOCADO

2 tablespoons butter or margarine
1 2 1/2– to 3–pound broiler/fryer, cut up
2/3 cup dry sherry
2 tablespoons all–purpose flour
3/4 teaspoon salt
dash paprika
dash hot sauce (optional)
1 1/4 cups half–and–half or coffee creamer
1 large avocado, sliced
parsley for garnish

Cook chicken in skillet over medium heat in butter or margarine until browned on all sides. Stir in sherry. Heat to boiling. Reduce heat to low; cover and simmer 25 minutes or until chicken is tender. Remove chicken to warm platter.

Stir flour, salt, hot sauce and paprika into liquid in skillet until well blended. Gradually stir in half–and–half or coffee creamer. Cook, stirring constantly until thickened.

Gently add avocado; heat through; spoon over chicken. Garnish with parsley. Makes 4 servings.

GALLINA CON AGUACATE

2 cucharadas de mantequilla o margarina
1 gallina de 1–1.4 kilos, cortada en pedazos
2/3 taza de vino de Jerez
2 cucharadas de harina
3/4 cucharitas de sal
un poco de paprika
unas gotas de salsa picante (opcional)
1 1/4 taza de media crema o substituto
           para café
1 aguacate grande, en rebanadas
perejil para adorno

Cueza la gallina a fuego regular en la mantequilla o margarina, hasta que esté dorada en todos lados. Agregue el vino de Jerez. Caliente hasta hervir. Baje a fuego lento; tape y cueza durante 25 minutos o hasta la gallina sea tierna. Remueva la gallina a un plato caliente.

Ponga la harina, la sal, la salsa picante y paprika en el liquido en el sartén y muévalo hasta bien mezclado. Poco a poco, agregue la media crema o imitación. Cueza, moviendo constantemente hasta que se hace espesa.

Suavemente ponga las rebanadas de aguacate en el sartén y caliente; ponga encima de la gallina. Adorne con perejil. Rinde 4 porciones.

GRINGO CHILI FOR A MOB

2 16–ounce packages dry red or kidney beans
12 cups water
salt
4 pounds ground beef
2 pounds onions, coarsely chopped (about 5
      large)
1 46–ounce can tomato juice
1 8–ounce package elbow macaroni
1/3 cup chili powder (or to taste)
1 teaspoon pepper

Rinse beans in cold running water and
discard any stones or shriveled beans. In
5–quart Dutch oven or pot heat beans, water
and 4 teaspoons salt; bring to boil over high
heat. Boil 2 minutes. Remove from heat; cover
and let stand 1 hour.

Do not drain beans. Heat beans to
boiling over high heat; reduce to low heat,
cover and simmer 1 1/2 hours or until tender,
stirring occasionally.

Meanwhile in 12–quart Dutch oven or
pot, cook ground beef and onions over
medium–high heat until meat is brown, stirring
occasionally. Add beans and their liquid, 5
teaspoons salt, tomato juice and remaining
ingredients. Heat mixture to boiling over high
heat.

Reduce heat to low and simmer about
15 minutes or until macaroni is tender. Makes
28 main–dish servings.

FRIJOLES GRINGOS
PARA UNA MUCHEDUMBRE

2 paquetes (.9 kilo total) de frijoles rojos o
alubias
3 litros de agua
sal
1.8 kilos de carne molida
.9 kilos de cebollas, picadas
       (aproximadamente 5 grandes)
1 lata (1.45 litros) de jugo de tomate
1 paquete (225 gramos) de fideos macaroni
1/3 taza de chile en polvo (o a su gusto)
1 cucharita de pimienta

Lave los frijoles en un chorro de agua
fría y descarte los malos o piedritas. En una
olla de 5 litros, caliente los frijoles, el agua y 4
cucharitas de sal a fuego vivo hasta hervir.
Hierva por 2 minutos. Remueva del fuego;
tape y deje reposar por 1 hora.

No cuele los frijoles. Caliente los frijoles
a fuego vivo hasta hervir; baje a fuego lento,
tape y cocine durante 1 hora y media o hasta
tiernos, moviendo de vez en cuando.

Mientras, en una olla de 12 litros, cueza
la carne molida y las cebollas a fuego medio
vivo hasta que la carne esté dorada, moviendo
de vez en cuando. Agregue los frijoles y su
liquido, 5 cucharitas de sal, el jugo de tomate y
los demás ingredientes. Caliente la mezcla a
fuego vivo hasta hervir. Baje a fuego lento y
cocine por 15 minutos o hasta que los fideos
son tiernos. Rinde 28 porciones de platillo
fuerte.

An easy meal for entertaining—you can enjoy
your guests' company while the dinner bakes.

CHICKEN VEGETABLE BAKE

1 18- or 20-ounce package frozen Italian
      mixed vegetables
salt
1 2 1/2- to 3-pound broiler/fryer, cut up
1 teaspoon chili powder
1/2 teaspoon pepper

    Preheat oven to 450 degrees. In a 12"
by 8" baking dish, combine frozen vegetables
with 1/2 teaspoon salt. Sprinkle chicken with
chili powder, pepper and 1 1/2 teaspoons salt;
arrange, skin-side up, covering vegetables
completely.

    Bake 40 minutes or until chicken is
tender. Makes 4 servings.

Una cena fácil para invitados—usted puede disfrutar la compañía de sus huéspedes mientras la cena se hornea solita.

CAZUELA DE POLLO CON VEGETALES

1 paquete (1/2 kilo) de vegetales variados
      italianos, congelados
sal
1 pollo (1.1–1.35 kilos), cortado en trozos
1 cucharita de chile en polvo
1/2 cucharita de pimienta

      Caliente el horno a 230 grados centígrado. En un trasto refractario de 23 por 32 centímetros, combine los vegetales con 1 cucharita de sal. Salpique el pollo con chile en polvo, pimienta y 1 1/2 cucharitas de sal; arregle los trozos de pollo con la piel hacia arriba, cubriendo los vegetales por completo.

      Hornee durante 40 minutos o hasta que el pollo esté tierno. Rinde 4 porciones.

CRAB–STUFFED TOMATOES

6–8 ounces crab (use canned or frozen if no
        fresh available)
6 medium tomatoes
1 tablespoon margarine
1/4 cup chopped onion
1/2 cup chopped celery
1/4 cup chopped green chili
1 1/2 cups coarse dry bread crumbs
1 teaspoon salt
1/8 teaspoon pepper
1/2 teaspoon basil
grated Cotija or Parmesan cheese

Reserve crab leg meat for garnish; slice remaining crab meat. Cut piece from stem end of each tomato. Scoop out pulp and reserve, discarding seeds.Turn tomato shells upside down to drain.

Melt margarine in skillet. Add onion, celery and green chili and saute until tender. Chop reserved tomato pulp and add to skillet. Cook a few minutes. Remove from heat and add bread crumbs, crab, 1 teaspoon salt, pepper and basil.

Sprinkle insides of tomato shells with additional salt. Fill with crab mixture. Sprinkle with grated cheese.

Bake at 375 degrees for 20–25 minutes or until tomatoes are tender. The last 5 minutes of baking, garnish with reserved leg meat to heat through. Makes 6 servings.

TOMATES RELLENOS CON JAIBA

170-225 gramos de jaiba (de lata o
     congelado, si no hay fresco)
6 tomates medianos
1 cucharada de margarina
1/4 taza de cebolla, picada
1/2 taza de apio, picado
1/4 taza de chile marrón, picado
1 1/2 taza de pan seco, molido
1 cucharita de sal
1 pellizco de pimienta
1/2 cucharita de albahaca
queso Cotija o Parmesano, molido

     Reserve la carne de pierna para
adornar; corte lo demás de la jaiba en
rebanadas. Corte una pieza con el tallo de
cada tomate. Quite la pulpa de los tomates,
reservándola y descartando las semillas.
Voltee las cáscaras de tomate boca abajo
para desaguar.

     Derrita la margarina en un sartén.
Agregue la cebolla, el apio, y el chile marrón y
cocine hasta que son tiernos. Pique la pulpa
de tomate que reservó y agregue al sartén.
Cocine unos pocos minutos. Quítelo del fuego
y combine el pan molido, jaiba, sal, pimienta y
albahaca. Salpique la parte interior de las
cáscaras de tomate con un poco más de sal.
Llene las cáscaras con la mezcla de jaiba.
Salpique con el queso. Hornee a 190 grados
centígrado por 20-25 minutos o hasta que los
tomates son tiernos. Durante los últimos 5
minutos de hornear, adorne con la carne de
pierna. Rinde 6 porciones.

CHICKEN RANCHERO

1/2 teaspoon oregano
1/2 teaspoon salt
1/2 teaspoon seasoned pepper
1 2 1/2- to 3-pound broiler/fryer, cut up
2 medium green peppers
1 large onion, sliced
2 tablespoons salad oil
1 cup sliced celery
1 14 1/2-ounce can sliced baby tomatoes
1 4 3/4-ounce jar pimento-stuffed olives,
    drained and halved
1 tablespoon capers

Combine oregano, salt and pepper in a small bowl. Sprinkle both sides of chicken pieces with herb mixture. Place chicken, skin-side down, on rack in broiling pan. About 7-9 inches from source of heat (or at 450 degrees), broil chicken 20 minutes. Turn chicken and broil 15 minutes more, or until tender when tested with a fork.

Meanwhile, slice green peppers crosswise into rings, discarding seeds. Cook onion in 12-inch skillet in salad oil until clear; add peppers and celery and cook ten minutes or until tender-crisp. Add tomatoes and their liquid, olives and capers; heat. Place chicken on warm platter; spoon vegetables around it. Very good served with rice. Makes 6 servings.

POLLO RANCHERO

1/2 cucharita de orégano
1/2 cucharita de sal
1/2 cucharita de pimienta sazonada
1 pollo (1.1–1.35 kilos), cortado en trozos
2 chiles marrón, medianos
1 cebolla grande, en rebanadas
2 cucharadas de aceite comestible
1 taza de apio, en rebanadas
1 lata (450 mililitros) de tomates en rebanadas
1 frasco (120 mililitros) de aceitunas rellenas
        con pimientos, cortadas en mitades
1 cucharada de alcaparras

Combine el orégano, la sal y pimienta en un plato. Salpique los dos lados de los trozos de pollo con esta mezcla de hierbas. Ponga el pollo, con la piel hacia abajo, en un escurridor en trasto para asar. Aproximadamente 18–23 centímetros del fuego (o a 230 grados centígrado), rostice el pollo por 20 minutos. Voltee el pollo y rostice por 15 minutos más, o hasta que esté tierno cuando tiente con tenedor.

Mientras, corte los chiles marrón en aros, descartando las semillas. Cocine la cebolla en un sartén en el aceite comestible hasta que esté trasparente; agregue los chiles marrón y el apio y cocine por 10 minutos o hasta tierno sino crujiente. Combine los tomates con su liquido, las aceitunas y los alcaparras en el sartén con la cebolla y chile marrón; caliéntelo. Acomode el pollo en un plato caliente; ponga los vegetales y su salsa alrededor de él. Va bien con arroz. Rinde 6 porciones.

HEARTY CHICKEN WINGS IN GRAVY

2 tablespoons salad oil
2 1/2 pounds chicken wings
1/2 pound ground beef
1/2 cup chopped onion
1/2 pound chicken gizzards
1 10 1/2–ounce can condensed cream of
      onion soup
1 cup water
1/4 cup catsup
1 teaspoon salt
1/2 teaspoon chile powder
4–6 dashes hot sauce if desired
6 cups hot cooked rice
1 tablespoon chopped parsley for garnish

    In 8–quart Dutch oven over
medium–high heat, cook chicken wings,
ground beef and onion in hot salad oil until
meat is lightly browned, stirring frequently,
about 10 minutes.

    Meanwhile, chop gizzards. Add
gizzards, undiluted soup, water, catsup, salt
and chile powder. Heat to boiling; reduce to
medium heat; cover and simmer 30 minutes.

    Serve with rice. Garnish with parsley.
Makes 10 servings.

ALAS DE POLLO
EN SALSA DE CARNE

2 cucharadas de aceite comestible
1.15 kilos de alas de pollo
225 gramos de carne molida
1/2 taza de cebolla picada
225 gramos de molleja
1 lata (312 mililitros) de sopa condensada de
   crema de cebolla
1 taza de agua
1/4 taza de salsa catsup
1 cucharita de sal
1/2 cucharita de chile en polvo
4–6 gotas de salsa picante si desee
1.5 litros de arroz cocido, caliente
1 cucharada de perejil picado para adorno

   En una olla de 8 litros a fuego medio
alto, cocine las alas de pollo, la carne molida y
la cebolla en el aceite comestible hasta que la
carne esté dorada, moviendo a menudo,
aproximadamente 10 minutos.

   Mientras, pique la molleja. Agregue la
molleja, la sopa sin diluir, el agua, la salsa
catsup, la sal y el chile en polvo. Caliente
hasta hervir; baje a fuego regular; tape y
cocine durante 30 minutos.

   Sirva con el arroz. Adorne con perejil.
Rinde 10 porciones.

67

RED ENCHILADAS

6 dried ancho chilies
1 cup boiling water
5 fresh tomatoes, peeled, seeded and coarsely
     chopped
1/2 cup coarsely chopped onions
1/4 teaspoon finely chopped garlic
1/2 teaspoon crumbled dried epazote, if
     available
1 pinch of sugar
1 teaspoon salt
1/4 teaspoon freshly ground black pepper
5 tablespoons oil
3 cups shredded, cooked pork or chicken
2/3 cup freshly grated Cotija or Parmesan
     cheese
12 tortillas
1/2 cup coarsely chopped onions

Seed the chilies and chop them; soak in a bowl in boiling water for 30 minutes. Pour the chilies and their soaking water into a blender jar and blend at high speed for about 15 seconds. Add the tomatoes, 1/2 cup of the onions, the garlic, epazote, sugar, salt and black pepper, and blend for 20 seconds or until the mixture is a smooth puree.

In a skillet, heat 1 tablespoon of oil over moderate flame until a haze forms above it. Pour in the chili and vegetable puree and cook for 5 minutes, stirring frequently. Remove from the heat. Cover the skillet and set it aside.

In a heavy skillet, heat 1 tablespoon more of the oil over moderate flame and add the chopped meat. Heat through. Place the

ENCHILADAS ROJAS

6 chiles ancho, secos
1 taza de agua hirviendo
5 tomates, pelados, sin sus semillas y picados
1/2 taza de cebolla, picada
1/4 cucharita ajo, picado
1/2 cucharita de epazote seco, desmenuzado,
        si hay
1 pellizco de azúcar
1 cucharita de sal
1/4 cucharita de pimienta negra
5 cucharadas de aceite
3 tazas de carne de puerco o pollo, cocido
85 gramos de queso Cotija o Parmesano,
        molido
12 tortillas
1/2 taza de cebolla, picada

Quite las semillas de los chiles y córtelos en piezas; remójelos en un plato hondo en agua hirviendo por 30 minutos. Ponga los chiles y su agua de remojar en la licuadora y bate por 20 segundos. Agregue los tomates, 1/2 taza de cebolla, el ajo, epazote, azúcar, sal y pimienta, y bate por 20 segundos o hasta que la mezcla es regular.

En un sartén, caliente 1 cucharada de aceite a fuego regular hasta que hay una nube en ella. Ponga la mezcla de la licuadora y cocine por 5 minutos, moviendo a menudo. Remueva del fuego. Tape el sartén y ponga a un lado.

En un sartén pesado, caliente 1 cucharada más de aceite a fuego regular y combine la carne picada. Caliéntela. Ponga la

meat in a bowl and stir in 3 tablespoons of the chili sauce and 1/3 cup of the grated cheese.

Preheat oven to 350 degrees. In the heavy skillet, heat the remaining 3 tablespoons of oil over moderate heat until a light haze forms above it. One by one, dip a tortilla in the tomato sauce, drop it into the hot oil and fry it for a few seconds on each side until limp, not crisp.

Transfer the tortilla from the pan to a plate and place 1/4 cup of meat mixture in the center. Fold one side of the tortilla over the filling, then roll the tortilla completely into a thick cylinder. Place it seam side down in a shallow 8" by 12" baking dish. Fry and fill the remaining tortillas in the same way, adding more oil if necessary.

When the enchiladas are all arranged in one layer in the baking dish, pour the remaining tomato sauce over them, and sprinkle the top with the 1/2 cup of chopped onions and the remaining cheese. Bake in the middle of the oven for about 15 minutes, or until the cheese has melted and the enchiladas are lightly browned on top. Serves 4 to 6.

carne en un plato hondo y agregue 3 cucharadas de la salsa de chile y 1/3 taza del queso molido.

Caliente el horno a 180 grados centígrado. En un sartén, caliente lo demás del aceite a fuego regular hasta que una nube forma en ella. Una por una, remoje una tortilla en la salsa de chile y tomate, métala en la manteca caliente y fríala por unos pocos segundos en cada lado hasta que es blanda, no dorada.

Pase la tortilla del sartén a un plato y ponga 1/4 taza de la mezcla de carne en el centro de ella. Doble un lado de la tortilla sobre el relleno, luego enróllela haciendo un tubo grueso. Ponga con la juntura hacia abajo en un trasto refractario. Fría las demás tortillas y llénelas en la misma manera, agregando más aceite si se necesite.

Cuando todas las enchiladas estén acomodadas en una sola capa en el trasto, ponga lo demás de la cebolla picada y la salsa de chile y tomate en ellas y salpique con lo demás del queso. Hornee por 15 minutos, o hasta que el queso se ha derretido y las enchiladas son de un color dorado. Rinde 4–6 porciones.

FISH JARDINIERE

8 fish filets
5 zucchini
3 bell peppers
1/2 an onion
1 small can sliced mushrooms
2 carrots

Wash the fish filets; wash the zucchini, bell peppers and carrots and cut in pieces; put the vegetables in a greased casserole. Pour the mushrooms and their liquid over them. Place the fish filets on top of the vegetables and season with salt and pepper to taste.

Cover the casserole and cook over a low flame until the fish is white, not transparent and the vegetables are tender. You can also cook this in the microwave or in a crock pot. Serves 4.

PESCADO A LA JARDINERA

8 filetes de pescado
5 calabacitas italianas
3 pimientos marrón
1/2 cebolla
1 lata de champiñones en rebanadas
2 zanahorias

Se lavan los filetes de pescado; las calabacitas, pimientos y zanahorias se lavan y se pican y las coloca en una cacerola engrasada. Se pica la cebolla y la agregue a la cacerola con la lata de champiñones con su jugo. Encima se pone los filetes de pescado. Se condimentan con sal y pimienta al gusto y se tapa.

Se cuece a fuego muy lento hasta que el pescado esté blanco y las verduras estén tiernas. Se puede cocer en microondas o en la olla de lento cocimiento. Rinde 4 porciones.

BROILED STUFFED FLANK STEAK

1 beef flank steak (1 to 1 1/2 pounds)
1/4 cup lemon juice
1/4 cup oil
1 teaspoon hot sauce
2 tablespoons water
1 tablespoon sugar
2 tablespoons finely chopped onion
1 tablespoon margarine
2 slices toasted bread, in small cubes
1/4 cup grated Cotija or Parmesan cheese
2 tablespoons finely chopped stuffed green
        olives
1 tablespoon flour
1 can (4 1/2 ounces) mushroom stems and
        pieces, chopped

Carefully make a pocket in the steak, cutting through the center (parallel to the surface) the length and width of the steak. Do not cut through the opposite side of the steak.

Combine lemon juice, oil, hot sauce, water and sugar. Place steak in a plastic bag and add marinade, turning to coat. Seal bag securely and place in a dish. Marinate in refrigerator 6 hours or overnight, turning at least once.

Cook onion in margarine 3 to 4 minutes. Add the bread cubes, cheese, olives, and flour, stirring to combine. Stir in the mushrooms, including their liquid. Heat slowly for 3 to 4 minutes.

BISTEC RELLENO A LA PARRILLA

1 bistec de costado (.45–.7 kilos)
1/4 taza de jugo de limón
1/4 taza de aceite
1 cucharita de salsa picante
2 cucharadas de agua
1 cucharada de azúcar
2 cucharadas de cebolla, rallada
1 cucharada de margarina
2 rebanadas de pan, en cubos
1/4 taza de queso Cotija o Parmesano, molido
2 cucharadas de aceitunas verdes y rellenas,
    picadas
1 cucharada de harina
1 lata (140 mililitros) de hongos en piezas

Con cuidado haga un bolsillo en el bistec, cortándolo por el centro (paralelo a la superficie) por lo largo y ancho del bistec. No lo corte por completo, dejando conectado las dos mitades.

Combine el jugo de limón, el aceite, la salsa picante, el agua y el azúcar. Ponga el bistec en una bolsa de plástico con el escabeche, volteando para revestir. Selle la bolsa y ponga en un plato. Deje reposar en el refrigerador por 6 horas o por una noche, volteándolo por lo menos una vez.

Cocine la cebolla en la margarina por 3 o 4 minutos. Agregue el pan en cubos, el queso, las aceitunas y la harina, moviendo para combinar. Agregue los hongos con su liquido. Caliente a fuego lento por 3 o 4 minutos.

Stuff into pocket of steak. Close open sides of steak with round, wooden toothpicks to keep stuffing inside.

Place steak on rack in broiler pan so surface of meat is 3 to 4 inches from heat. Broil 7 minutes on first side, brushing with marinade. Turn and broil 5 to 7 minutes on second side, brushing with marinade.

Remove toothpicks. Carve steak diagonally across the grain. Serves 4 to 6.

Ponga en el hueco del bistec. Cierre los lados abiertos con picadientes (de madera, no de plástico) para que el relleno quede adentro.

Ponga el bistec en la parrilla para que la carne esté a 7–10 centímetros del fuego. Ase por 7 minutos en un lado, lardando con el escabeche. Voltee y ase 5–7 minutos en el otro lado, lardando con el escabeche.

Remueva los picadientes. Corte el bistec al diagonal. Rinde 4–6 porciones.

ENCHILADAS IN GREEN SAUCE

3/4 pound shredded, cooked chicken
1 cup chicken stock
6 ounces cream cheese
2 cups heavy cream
3/4 cup finely chopped onion
6 fresh poblano chilies (or 6 green peppers)
a 10 ounce can tomatillos (Mexican green
       tomatoes), drained
2 canned serrano chilies, rinsed in cold water
       and chopped
5 teaspoons coarsely chopped cilantro
1 egg
1 1/2 teaspoons salt
1/4 teaspoon black pepper
3 tablespoons oil
12 tortillas
1/3 cup grated Cotija or Parmesan cheese

In a large bowl, beat cream cheese until smooth, then beat into it 1/2 cup cream, a little at a time. Stir in the onions, add the shredded chicken and mix thoroughly. Put this aside while you make the sauce.

Roast the poblano chilies over a gas flame until the skin blisters and darkens, holding them with a long–handled fork. Or, broil them about 3 inches from the heat for about 5 minutes, turning them so that they color evenly. Be careful not to burn them with either method. Wrap the chilies in a damp, clean towel and let them cool a few minutes; then, gently rub them until the skin comes off.

Cut out the stem, membranes and seeds. Chop the chilies coarsely and place

ENCHILADAS EN SALSA VERDE

340 gramos de pollo, cocido y deshebrado
1 taza de caldo de pollo
170 gramos de queso crema (Filadelfia)
2 tazas de crema
3/4 taza de cebolla, picada
6 chiles poblanos, frescos (o 6 pimientos
      marrón)
1 lata (285 mililitros) de tomatillos, sin su jugo
2 chiles serranos, de lata, picados
5 cucharitas de cilantro, picado
1 huevo
1 1/2 cucharitas de sal
1/4 cucharita de pimienta negra
3 cucharadas de aceite
12 tortillas
1/3 taza de queso Cotija o Parmesano

En un plato hondo, bate el queso crema hasta que esté sedoso, luego agregue 1/2 taza de crema un poco a la vez. Añada las cebollas y el pollo y mezcle bien. Ponga a un lado mientras hace la salsa.

Rostice los chiles en una llama hasta que la piel se oscurece, sosteniéndolos con un tenedor grande. O, se puede asar en la parrilla a 8 centímetros de la llama por 5 minutos, volteándolos varias veces. Con cualquier método, no los queme. Envuelva los chiles en una toalla limpia y déjelos enfriar unos pocos minutos; entonces, frótelos suavemente para pelarlos.

Quite el tallo y las semillas. Pique los chiles y póngalos en la licuadora con los tomatillos, chiles serranos, cilantro y 1/4 taza

them in a blender jar. Add the tomatillos, serrano chilies, cilantro, and 1/4 cup of chicken stock; blend on high speed until it is a smooth puree. Add the remaining 1 1/2 cups cream, the egg, salt and pepper and blend again. Scrape the puree into a large bowl.

Preheat oven to 350 degrees. In a skillet, heat the oil over a moderate flame until a light haze forms above it; one at a time, dip the tortillas in the chili–tomatillo sauce, drop it in the skillet and fry the tortilla for a few seconds on each side or until limp, fill it with 1/4 cup of the chicken filling, roll the tortilla into a cylinder.

Place it, seam down in a shallow baking dish. Fry and fill all of the tortillas in the same way, adding more oil if necessary. When the tortillas are all arranged in one layer in the baking dish, pour the remaining chili–tomatillo sauce over them and sprinkle the top evenly with the grated cheese.

Bake in the middle of the oven for about 15 minutes or until the cheese melts and the enchiladas are lightly browned on top. May be topped with sour cream or garnished with avocado slices. Serves 6.

de caldo de pollo. Licúa a alta velocidad hasta que es uniforme. Agregue lo demás de la crema, el huevo, sal y pimienta y mezcle otra vez. Vacíe la mezcla en un plato.

Caliente el horno a 180 grados centígrado. En un sartén, caliente el aceite a fuego regular hasta que una nube forma en él; una a la vez, remoje las tortillas en la salsa de chile y tomatillos, póngala a freír en el sartén por unos segundos en cada lado hasta que está blanda, no dorada; llénela con 1/4 taza del relleno de pollo y enróllela en un cilindro.

Acomode cada enchilada en una charola poca honda. Fría y rellene las demás tortillas de la misma manera, agregando más aceite si se necesita. Cuando las enchiladas están todas arregladas en una sola capa en la charola, ponga lo demás de la salsa de chile y tomatillo en ellas y salpique con el queso molido.

Hornee en medio del horno durante 15 minutos o hasta que son doradas en la parte superior. Se puede guarnecer con crema agria o rebanadas de aguacate. Rinde 6 porciones.

Turkey or pork are often prepared in this sauce which has myriad ingredients and variations. This dish is from Puebla, the state southeast of the capital, but is popular throughout Mexico. "Mole" rhymes with "ole!"

CHICKEN MOLE POBLANO

2 chickens (about 4 pounds each), cut up
1 teaspoon salt
4 dried pasilla chilies
4 dried mulato chilies
6 dried ancho chilies (or substitute 14 dried
        ancho chilies for all the chilies)
2 cups boiling chicken stock
3/4 cup blanched almonds
1 cup coarsely chopped onions
3 medium tomatoes, peeled, seeded and
        chopped
1/2 cup lightly packed seedless raisins
2 tablespoons sesame seeds
1 tortilla, broken into small pieces
1 teaspoon minced garlic
1 teaspoon ground cinnamon
1/2 teaspoon ground cloves
1/2 teaspoon ground coriander seeds
1/2 teaspoon anise seeds
1 teaspoon salt
1/4 teaspoon ground black pepper
6 tablespoons oil
2 cups cold chicken stock
2 squares unsweetened chocolate
2 tablespoons sesame seeds

    In a flameproof casserole, cover chicken pieces with cold water; add salt and bring to a boil over high heat. Cover casserole, reduce to low heat and simmer for 1 hour.

El pavo (guajolote) y carne de puerco también se prepare con esta salsa que tiene innumerable ingredientes. Este manjar es de Puebla, el estado al sureste del D.F., pero es muy popular por todo México.

POLLO MOLE POBLANO

2 gallinas (1.8 kilos c/u) en trozos
1 cucharita de sal
4 chiles pasillas, secos
4 chiles mulatos, secos
6 chiles anchos, secos (o substituye 14 chiles
          ancho por todos los chiles)
1/2 litro caldo de pollo, hirviendo
3/4 taza almendras peladas
1 taza cebolla, picada
3 tomates medianos, pelados, sin sus semillas
          y picados
150 gramos pasas de uva sin semillas
1 tortilla en pedazos
1 cucharita ajo picado
1 cucharita canela molida
1/2 cucharita clavos molidos
1/2 cucharita semillas de cilantro
1/2 cucharita anís
1 cucharita sal
1/4 cucharita pimienta negra
6 cucharadas aceite comestible
1/2 litro caldo de pollo
2 cuadritos de chocolate
1/4 taza mantequilla de cacahuete
2 cucharadas ajonjolí

En una cazuela a prueba de llama, cubrir los trozos de gallina con agua fría; agregar la sal y hervir a fuego vivo. Tapar la cazuela, rebajar a fuego lento y cocinar por 1

Remove casserole from heat and set aside. Stem and seed the chilies and cut into small pieces. Place chopped, dried chilies in a bowl and pour over them 2 cups of boiling chicken stock (from cooking chicken). Let soak for 30 minutes.

Blend almonds in blender until they are thoroughly ground. Add chilies, their soaking liquid, onions, tomatoes, raisins, 2 tablespoons sesame seeds, broken up tortilla, garlic, cinnamon, cloves, coriander, anise seed, salt and pepper. Blend at high speed until the mixture is smooth.

Heat the oil in a heavy skillet over moderate heat. Pour in the mole from the blender and simmer it, stirring constantly for about 5 minutes. Add 2 more cups chicken stock and the peanut butter and chocolate. Cook over low heat stirring frequently, until chocolate is melted. Remove from heat, cover and set aside.

Take the chicken from the casserole and drain. Heat the remaining 4 tablespoons of oil in a heavy skillet over moderate heat. Add the pieces of chicken and brown them well on all sides, turning frequently. Drain off the oil from the skillet; pour the mole sauce over the chicken, turning the pieces to coat them evenly. Cover the skillet and simmer for 30 minutes over low heat, stirring occasionally.

To serve, arrange chicken on a platter, pour sauce over it and sprinkle with sesame seeds. Serves 8 to 12. Serve with rice.

hora. Remover la cazuela del fuego y poner a un lado. Quitar el tallo y semillas de los chiles y cortarlos en pedazos. Ponerlos en un plato hondo y poner encima 1/2 litro de caldo de pollo hirviendo (de cocer la gallina). Dejar remojar por 30 minutos.

Licuar las almendras en la licuadora hasta que son molidas. Agregar los chiles, su caldo de remojar, la cebolla, tomates, pasas, 2 cucharadas de ajonjolí, las piezas de tortilla, el ajo, canela, clavos, semillas de cilantro, anís, sal y pimienta. Licuar hasta que está bien mezclado.

Calentar el aceite en un sartén a fuego regular. Poner el mole de la licuadora y cocerlo por 5 minutos, moviéndolo constantemente. Añadir 1/2 litro más de caldo de pollo, la mantequilla de cacahuete y el chocolate. Cocer a fuego lento, moviendo a menudo, hasta que la mantequilla de cacahuete y el chocolate se disuelven. Quitar del fuego, tapar y poner a un lado.

Tomar el pollo de la cazuela y colarlo. Calentar 4 cucharadas de aceite en un sartén a fuego regular. Agregar los trozos de pollo y dorarlos bien en todos lados, volteándolos a menudo. Quitar el aceite del sartén; poner el mole encima del pollo, volteando los trozos para darles una capa uniforme de mole. Cubrir el sartén y cocer a fuego lento por 30 minutos más, moviendo de vez en cuando. Para servir, arreglar los trozos de pollo en un plato grande, poner la salsa encima y rociar con ajonjolí. Servir arroz aparte. Rinde 8–12 porciones.

MEATBALL SURPRISE

for the meatballs:
1 can (3 oz.) diced green chilies
1 clove garlic, minced
1 pound ground beef
3/4 cup grated cheddar cheese
1/2 cup raisins
oil

for the batter:
2 eggs
1 tablespoon flour
1/4 teaspoon salt

for the sauce:
1 can (8 oz.) tomato sauce
1/2 cup water
1/2 teaspoon oregano

Over high heat, fry the ground beef until done, separating it with a fork as it cooks. Lower heat and add the chopped chilies, garlic, cheese and raisins. Mix well and simmer 15 minutes. Let mixture cool.

Combine tomato sauce, water and oregano in a saucepan and heat over medium flame, stirring occasionally. Form meat mixture into balls.

Combine eggs, flour and salt for batter. Roll meatballs in egg batter and fry in oil until golden brown. Top with heated sauce.
Serves 4–6.

ALBÓNDIGAS FRITAS

para las albóndigas:
1 lata de chile verde, picado
1 diente de ajo, picado
.45 kilos de carne molida
85 gramos de queso amarillo cheddar, rallado
1/2 taza de pasas
aceite comestible

para el batido:
2 huevos
1 cucharada de harina
1/4 cucharita de sal

para la salsa:
1 lata (250 mililitros) de salsa de tomate
1/2 taza de agua
1/2 cucharita de orégano molido

Se cuece la carne a fuego vivo hasta que está cocida. Se baja a fuego lento y se añade el chile, el ajo, el queso y las pasas. Se revuelve bien y se cuece durante 15 minutos. Se deja enfriar la mezcla.

En una olla, se calienta la salsa de tomate, el agua y el orégano a fuego regular, moviendo de vez en cuando. Se forma la mezcla de carne en bolas.

Se combina los huevos, la harina y la sal para el batido. Se pone las albóndigas en el batido, luego se fríe en aceite hasta que están doradas. Se sirve con la salsa caliente encima. Rinde 4–6 porciones.

This dish originated in Yucatan where it is steamed in a special pit, called a "pib."

CHICKEN STEAMED IN FRUIT JUICE

2/3 cup fresh orange juice
1/3 cup fresh lemon juice
1 tablespoon ground annatto seeds
1 teaspoon minced garlic
1/2 teaspoon dried oregano
1/2 teaspoon ground cumin seeds
1/4 teaspoon ground cloves
1/4 teaspoon ground cinnamon
2 teaspoons salt
1/4 teaspoon ground black pepper
1 chicken (3–4 pounds), cut up
12 tortillas

Combine the orange juice, lemon juice, ground annatto seeds, garlic, oregano, cumin, clove, cinnamon, salt and pepper. Arrange the chicken pieces in a shallow baking dish in one layer and pour the seasoned fruit juice over it. Cover the baking dish and marinate the chicken for 12 hours or overnight in the refrigerator, basting the pieces with the marinade occasionally.

Line a large metal colander with banana leaves or aluminum foil and arrange the chicken on it. Pour in the marinade then seal the chicken and its marinade in the banana leaves by tying it up, or in foil, crimping the edges of the foil securely.

Place the colander in a deep pot, a little larger around than the colander. Pour enough

Este manjar se originó en Yucatán donde se cuece en un pozo especial llamado un "pib."

POLLO PIBIL

2/3 taza de jugo de naranja
1/3 taza jugo de limón
1 cucharada achiote, molido
1 cucharita ajo, molido
1/2 cucharita orégano
1/2 cucharita comino, molido
1/4 cucharita clavos, molidos
1/4 cucharita canela, molida
2 cucharitas sal
1/4 cucharita pimienta negra
1 pollo (1.4–1.8 kilos) en trozos
12 tortillas

Combinar el jugo de naranja, jugo de limón, achiote, ajo, orégano, comino, clavos, canela, sal y pimienta. Arreglar los trozos de pollo en una sola capa en una charola y poner el jugo sazonado encima. Tapar la charola y ponerla en el refrigerador por 12 horas o por una noche, embastando el pollo de vez en cuando.

Hacer un forro de hojas de plátano o papel aluminio en un colador y poner el pollo embastado en él. Poner el escabeche encima y sellar las hojas atándolas, o el papel aluminio doblando las orillas.

Poner el colador en una olla honda un poco más grande que el colador. Poner suficiente agua en la olla para que está 2 centímetros abajo del colador. Hervir el agua a fuego vivo, tapar la olla y bajar a fuego lento. Averiguar de

water into the pot to come within an inch of the bottom of the colander. Bring the water to a boil over high heat, cover the pot securely and reduce to low heat.

Check the pot occasionally and add more boiling water as needed. Steam for 1 3/4 hours or until the chicken is tender. Remove the chicken from the foil and place it in a serving dish with all of its sauce.

Serve with hot tortillas. Serves 4 to 6.

vez en cuando que hay agua en la olla y
agregar más agua hirviendo si sea necesario.

Cocer a vapor por 1 3/4 horas o hasta que el
pollo es tierno. Remover el pollo de las hojas o
del papel aluminio y ponerlo en una fuente con
todo su jugo.

Servir con tortillas calientes y arroz. Rinde 4–6
porciones.

ROAST SUCKLING PIG

for the pig:
1 suckling pig
margarine
salt
pepper
1 bay leaf
stems of mint leaves for garnish

for the dressing:
4 cups chopped onions
1 cup margarine
6 cups bread crumbs
1 beaten egg
3/4 teaspoon salt
1/2 teaspoon paprika
1/2 teaspoon poultry seasoning
2 cups chopped apples

Preheat oven to 450 degrees Fahrenheit. Remove eyeballs and lower the lids. Rub the inside of the pig with soft margarine; sprinkle with salt and pepper. Set aside.

Saute the onions in the margarine. Blend in the bread crumbs, beaten egg, salt, paprika, poultry seasoning and chopped apples. Mix well; stuff the pig with this mixture. Sew up the pig or close with skewers.

Place a piece of wood in mouth to hold it open. Pull the forelegs forward and skewer them in place; bind the hind legs into a crouching position. Rub the outside of the pig

LECHÓN RELLENO

para el lechón:
1 lechón
margarina
sal
pimienta
1 hoja de laurel
tallos de hierba buena

para el relleno:
1 litro de cebolla picada
1.5 litros de migajas de pan
1 huevo batido
1 taza de margarina
3/4 cucharita de sal
1/2 cucharita de paprika
1/2 cucharita de condimento para aves
2 tazas de manzanas, picadas

Se enciende el horno en 230 grados centígrado. Se quita los ojos y se baja los párpados del lechón. Se frota el interior con la hoja de laurel y margarina, luego se rocía con sal y pimienta.

Se cuece la cebolla en la margarina. Se añade las migajas de pan, el huevo batido, la sal, paprika, condimento para aves, y las manzanas picadas. Se mezcla bien. Se rellena el lechón con esta mezcla.

Se lo cierre con brochetas y se lo pone una madera en la boca para mantenerla abierta. Se jala las manitas hacia delante y se las sujeta con brochetas; se arregla las piernas traseras como agachadas y se las amara. Se frota el exterior con margarina,

with soft margarine. Dredge it with flour. Cover ears and tail with aluminum foil.

Place the pig in a roasting pan, uncovered and put in oven for 15 minutes. Reduce heat to 325 degrees and continue cooking, allowing 20 minutes per pound.

Baste every 15 minutes with pan drippings. Remove foil from ears and tail. Remove from oven and let cool for 30 minutes before carving.

Place pig on platter. Remove wood from mouth and replace with a small apple. Garnish neck with stems of mint leaves.

luego se espolvorea con harina. Se tapa las orejas y la cola con papel aluminio.

Se pone el lechón en un trasto refractario en el horno por 15 minutos. Se baja el horno a 165 grados centígrado y se continua a rostizar, 45 minutos por kilo de lechón.

Se embasta cada 15 minutos con el jugo. Se quita el papel aluminio y se remueve del horno. Se deja reposar por 30 minutos antes de cortar.

Se pone el lechón en un platón; se remueve la madera de la boca y allí se pone una manzana chica. Se guarnece el cuello con hojas de hierba buena.

PORK IN RED SAUCE

3 cups chicken stock
3 pounds lean boneless pork loin, cubed
1 bay leaf
1/4 teaspoon thyme
1/4 teaspoon oregano
1/8 teaspoon ground cloves
6 dried mulato chilies
4 dried ancho chilies
2 dried pasilla chilies
        (or substitute 12 dried ancho chilies for
        all chilies)
1 cup boiling chicken stock
1 cup shelled walnuts
1 1/2 cups tomatillos
1/2 cup chopped onion
1/2 teaspoon minced garlic
2 tablespoons chopped cilantro
1 teaspoon salt
2 tablespoons oil
1 pound firm pears, peeled, cored and cut in
        wedges
2/3 pound bananas, peeled and sliced
3 firm apples, peeled, cored and cut in 8
        wedges
1 cup fresh pineapple, cut into 1/2 inch cubes
1 pound zucchini, sliced
1 cup green peas

    Bring 3 cups of chicken stock to boil
over high heat; add the pork, bay leaf, thyme,
oregano and ground cloves and reduce to low
heat. Cover and simmer for 30 minutes or until
pork is tender when tested with a fork.

    Discard stems and seeds from the
chilies. Cut chilies into small pieces and place

CARNE DE PUERCO
EN SALSA ROJA

3/4 litro de caldo de pollo
1.35 kilos de carne de puerco sin hueso, en
    cubos
1 hoja de laurel
1/4 cucharita de tomillo
1/4 cucharita de orégano
1/8 cucharita clavos molidos
6 chiles mulatos
4 chiles anchos
2 chiles pasillas
        (o se puede substituir 12 chiles anchos
        por todos los chiles)
1 taza caldo de pollo, hirviendo
1 taza nueces sin cáscara
1 1/2 tazas tomatillos
1/2 taza cebolla picada
1/2 cucharita ajo picado
2 cucharadas cilantro, picado
1 cucharita sal
2 cucharadas aceite
450 gramos peras, peladas, sin sus semillas y
        cortadas en trozos
285 gramos plátanos, pelados y en rebanadas
3 manzanas, peladas, sin sus semillas y
        cortadas en trozos
1 taza de piña fresca en cubos
450 gramos calabaza italiana, en rebanadas
1 taza de guisantes

Hervir el caldo de pollo a fuego vivo;
agregar la carne de puerco, la hoja de laurel,
el tomillo, orégano y clavos y rebajar a fuego
lento. Tapar la olla y cocer por 30 minutos o
hasta que la carne de puerco es tierna cuando
la tienta con tenedor.

them in a bowl. Pour 1 cup of boiling chicken stock over them and let soak for 30 minutes. In a blender, blend walnuts on high until thoroughly ground; cut tomatillos in half and add to blender along with onion, garlic, cilantro, salt, chilies and their soaking liquid. Blend at high speed until smooth.

Heat 2 tablespoons of oil over moderate heat in a skillet. Pour in mixture from blender and cook uncovered for 5 minutes, stirring constantly. Cover and remove from heat. When pork is cooked, drain its cooking juices into a bowl and skim off as much fat as possible. Add the juices to the sauce in the skillet and mix well.

Arrange pear wedges, banana slices, apple wedges, pineapple cubes and zucchini slices in layers on top of the pork in a casserole. Pour the sauce evenly over them.

Cover casserole and cook over low heat for 40 minutes without stirring. Sprinkle peas over fruit and zucchini and continue to cook, covered for 5 minutes more. Serve at once from the casserole in which it was cooked. Serves 12.

Quitar los tallos y semillas de los chiles.
Cortarlos en pedazos y ponerlos en un plato
hondo. Poner 1 taza de caldo de pollo
hirviendo encima y remojarlos por 30 minutos.
En la licuadora, moler las nueces; cortar los
tomatillos en mitades y ponerlos en la
licuadora con la cebolla, el ajo, cilantro, la sal,
los chiles y su jugo de remojar. Licuar a alta
velocidad hasta uniforme.

Calentar 2 cucharadas de aceite a
fuego regular. Poner la mezcla de la licuadora
en el sartén y cocer sin tapar por 5 minutos,
moviendo constantemente. Tapar y quitar del
fuego. Cuando la carne de puerco está cocida,
colar su jugo en un plato hondo y quitar la
grasa. Añadir el jugo a la salsa en el sartén y
mezclar bien.

Arreglar los trozos de pera, plátano,
manzana, piña y calabaza en capas encima
del puerco en una cazuela. Poner la salsa
encima de todo.

Tapar la cazuela y cocer a fuego lento
durante 40 minutos sin mover. Rociar con los
guisantes encima de todo y continuar a
cocinar tapado durante 5 minutos más. Servir
de una vez de la cazuela en que se cocinó.
Rinde 12 porciones.

This California supper shows the influence of Mexican cooking in the southwestern U. S.

TACO CHIP BUFFET

1 bag (12 ounces) tortilla or corn chips
1 pound ground beef
1/2 medium onion, chopped
1 can (8 ounces) tomato sauce
3 tablespoons chili powder
1 teaspoon marjoram
1 teaspoon cumin
2 teaspoons sugar
2 1/2 cups water
2/3 cup uncooked rice
2 tablespoons white vinegar
1/2 medium onion, chopped
1/2 head lettuce, shredded
1/4 pound cheddar cheese, shredded
2 tomatoes, diced
1/2 cup chopped green chilies
1 small can sliced black olives
16 ounces sour cream

Brown the ground beef and onion in a large skillet. Stir in the tomato sauce, chili powder, marjoram, cumin, sugar, water, rice and vinegar. Simmer 30 minutes, stirring occasionally. For a buffet, on the serving table arrange the plates, then the tortilla or corn chips, the skillet with the ground beef mixture, the cheese, lettuce, onion, tomatoes, chilies, olives and sour cream. Each guest can place a bed of chips on his plate, cover it with some ground beef mixture, then the toppings in order to his own taste.
Serves 4–6.

Esta cena estilo California demuestra la influencia mexicana en el sudoeste de EE. UU.

BUFET CON TOTOPOS

1 paquete (340 gramos) de totopos de tortilla de maíz
450 gramos de carne molida
1/2 cebolla, picada
1 lata (250 mililitros) de salsa de tomate
3 cucharadas de polvo de chile
1 cucharita de mejorana
1 cucharita de comino
2 cucharitas de azúcar
2 1/2 tazas de agua
2/3 taza de arroz crudo
2 cucharadas de vinagre
1/2 cebolla, picada
1/2 lechuga, rallada
115 gramos de queso cheddar, rallado
2 tomates, picados
1/2 taza de chile jalapeño, picado
1 lata chica de aceitunas negras en rebanadas
450 gramos de crema agria

En un sartén, se dora la carne molida y cebolla; se agrega la salsa de tomate, polvo de chile, mejorana, comino, azúcar, agua, arroz y vinagre. Se cuece a fuego regular durante 30 minutos, moviendo. Se arregla la mesa de servicio con los platos, un plato con totopos, sartén con la carne, platos con el queso rallado, lechuga, cebolla, tomates, chiles, aceitunas y crema agria. Los invitados ponen en sus platos una capa de totopos, se cubren con carne, y se guarnecen con los demás ingredientes en su orden a sus gustos. Rinde 4–6 porciones.

This recipe is wonderful for making use of leftover meat.

MEAT TORTA

1 clove garlic, minced
1/4 cup oil
1 small onion, chopped
4 small tomatoes, seeded and chopped
1/2 pound cooked beef, chopped
1/2 teaspoon salt
1/8 teaspoon pepper
1 or 2 pequin chilies (optional)
3 eggs

In a skillet over moderate heat, fry the onion and garlic in the oil until the onion is tender. Add the tomatoes, meat and seasonings. Mix well and remove from heat.

Beat the eggs until light and add to meat mixture. Drop one tablespoon at a time into a hot greased skillet and brown on both sides. Serves 4.

If you prefer, 1 cup of chopped, cooked fish or chicken may be substituted for the beef.

Esta receta hace maravillas con carne que resta de otra comida.

TORTA DE CARNE

1 diente de ajo, picado
1/4 taza de aceite
1 cebolla chica, picada
4 tomates chicos, sin sus semillas y picados
225 gramos de res cocido, picado
1/2 cucharita de sal
1/4 cucharita de pimienta
1 o 2 chiles pequín (opcional)
3 huevos

En un sartén a fuego regular, fría la cebolla y el ajo en el aceite hasta que la cebolla esté tierna. Agregue los tomates, la carne y las hierbas. Mezcle bien y quite del fuego.

Bata los huevos hasta que son de un color claro y agregue a la mezcla de carne. Ponga una cucharada de la mezcla a la vez en un sartén caliente con aceite y dore en los dos lados. Rinde 4 porciones.

Si usted prefiere, se puede substituir 225 gramos de pescado o pollo cocido en vez de la carne de res.

This dish is from Jalisco, Mexico.

TOSTADAS

6 medium tomatoes, peeled, seeded and finely
    chopped
1 cup finely chopped onion
1 teaspoon dried oregano
1/2 teaspoon finely chopped garlic
1/2 cup red wine vinegar
1/2 teaspoon sugar
1/2 teaspoon salt
4 cups refried beans
5 tablespoons olive oil
2 tablespoons red wine vinegar
1/4 teaspoon salt
3 cups finely shredded iceberg lettuce
1/3 cup lard or oil
12 tortillas or tostada shells
2 or 3 pickled pig's feet, boned and coarsely
    chopped
1 cup coarsely chopped onion
grated Cotija or Parmesan cheese
4 canned jalapeno chilies, rinsed in cold water
    and cut lengthwise into strips

    Combine tomatoes, 1 cup of finely
chopped onion, oregano, garlic, vinegar,
sugar, and salt for the sauce in a bowl and mix
thoroughly. Set aside the sauce.

    Warm the refried beans over low heat.
In a large bowl, beat the oil, vinegar and salt
together until they are combined well. Drop in
the lettuce and toss lightly with a fork until it is
coated evenly with the dressing.

Este manjar es de Jalisco, México.

TOSTADAS

6 tomates medianos, pelados, sin sus semillas
     y picados
1 taza de cebolla, picada
1 cucharita de orégano
1/2 cucharita de ajo, picado
1/2 taza de vinagre de vino tinto
1/2 cucharita de azúcar
1/2 cucharita de sal
1 litro de frijoles refritos
5 cucharadas de aceite de oliva
2 cucharadas de vinagre de vino tinto
1/2 cucharita de sal
3 tazas de lechuga de bola, cortada muy fina
1/3 taza de manteca o aceite
12 tortillas o tortillas tostadas
2 o 3 patas de puerco, cocidas, deshuesadas
     y picadas
1 taza de cebolla, picada
queso Cotija o Parmesano
4 chiles jalapeños, de lata, lavados en agua y
     cortados en tiras

    Combine los tomates, 1 taza de
cebolla picada, el orégano, ajo, 1/2 taza
de vinagre, azúcar, y la sal en un plato
hondo y mezcle bien. Ponga a un lado
esta salsa.

    Caliente los frijoles refritos a fuego
lento. En un plato bata el aceite de
oliva, 2 cucharadas de vinagre y la sal
hasta que están bien combinados.
Ponga la lechuga en el plato y mezcle
con un tenedor hasta que se reviste con
el aderezo.

In a heavy skillet, melt 2 tablespoons of the lard or oil over medium heat until a light haze forms above it; fry the tortillas one at a time for about 1 minute on each side or until they are lightly golden. Drain the tortillas on paper towels. Add more lard or oil as needed.

Place two fried tortillas or prepared shells side by side on each serving plate. Spread 1/3 cup of warm refried beans on each tortilla; scatter 1/4 cup of lettuce on the beans, then top with meat, chopped onion and the sauce. Sprinkle each tostada with 2 teaspoons of grated cheese and garnish with strips of jalapeno.

En un sartén, derrita 2 cucharadas de manteca o aceite a fuego regular hasta que una nube forma en ella; fría las tortillas una a la vez por aproximadamente 1 minuto en cada lado, o hasta que estén doradas. Ponga en toallas de papel para escurrir el exceso de aceite. Agregue más manteca o aceite al sartén si se necesite.

Ponga 2 tortillas doradas (o tortillas tostadas) en cada plato individual. Extienda 1/3 taza de frijoles refritos en cada tortilla; ponga 1/4 taza de lechuga encima, entonces ponga carne, cebolla y la salsa. Salpique cada tostada con 2 cucharitas de queso molido y adorne con tiras de chile jalapeño.

NOTES/NOTAS

VEGETABLES & BEANS

VEGETALES Y LEGUMBRES

BAKED CARROTS

5 cups carrot sticks
1 teaspoon salt
1/4 cup water
2 tablespoons butter or margarine

Place carrots, salt, cold water and butter in 1 1/2–quart casserole. Cover. Place in oven at 325 degrees for one hour. May be baked with other food. Makes 6 servings.

ZANAHORIAS AL HORNO

1.25 litros de zanahorias
1 cucharita de sal
1/4 taza de agua
2 cucharadas de mantequilla o margarina

Lave las zanahorias bien en agua fría;
corte en trozos largos. Póngalas con la sal,
agua fría, y mantequilla o margarina en una
cazuela de 1.5 litros. Tápela. Ponga en el
horno a 165 grados centígrado por 1 hora. Se
puede cocer junto con otro platillo. Rinde 6
porciones.

MEXICAN BEAN CAKES

3 cups cooked kidney beans or red beans
1 small onion, minced
1 4–ounce can diced green chili
1/3 cup grated Cotija or Parmesan cheese
3/4 teaspoon oregano
1/2 teaspoon salt
1/4 pound Asadero cheese or Jack cheese, cut
        into 6 cubes
1 egg
2 tablespoons all–purpose flour
1/2 cup yellow cornmeal or dried bread crumbs
2 tablespoons salad oil

Mash beans thoroughly with potato masher or slotted spoon. Stir in onion, green chili, Cotija or Parmesan cheese, oregano and salt until well mixed. Divide mixture into 6 portions. With moist hands, shape each portion into a ball with 1 cube of Asadero or Jack cheese in its center. Flatten ball into a 3–inch patty, making sure that cheese is completely covered by mixture.

In pie plate with fork, beat egg. Sprinkle flour on a sheet of waxed paper; sprinkle cornmeal on a second sheet of waxed paper. Coat each patty with flour, dip in beaten egg, then coat with cornmeal.

In 12–inch skillet over medium–low heat, cook patties in salad oil until lightly browned on both sides, about 10 minutes. Serve warm. Makes 6 main–dish serving.

PASTILLAS DE FRIJOLES

3 tazas de frijoles rojos o alubias, cocidos
1 cebolla pequeña, picada
1 lata (125 mililitros) de chile verde, picado
3/4 taza de queso Cotija o Parmesano, rallado
3/4 cucharita de orégano
1/2 cucharita de sal
115 gramos de queso Asadero o Jack, cortado
     en 6 cubos
1 huevo
2 cucharadas de harina
1/2 taza de harina de maíz o pan seco, molido
2 cucharadas de aceite

    Machucar bien los frijoles con majador o cuchara con agujeros. Agregar la cebolla, el chile verde, el queso Cotija o Parmesano, el orégano y la sal; mezclar bien. Dividir la mezcla en 6 porciones. Con manos húmedas, formar cada porción en una bola con un cubo de queso Asadero o Jack en su medio. Aplastar la bola para formar una pastilla de 7–8 centímetros, prestando atención que el queso está cubierto con la mezcla.

    En un recipiente poco hondo batir el huevo con un tenedor. Rociar la harina en una hoja de papel parafinado; rociar la harina de maíz o pan molido en segunda hoja de papel parafinado. Revestir cada pastilla con harina, mojarla con el huevo batido, luego darla una capa de harina de maíz.

    En un sartén a fuego regular, cocer las pastillas en el aceite hasta doradas en cada lado, 10 minutos más o menos. Sírvalas calientes. Rinde 6 porciones para platillo fuerte.

This sauce from Colombia, made with white
cheese, goes perfectly over potatoes or
cooked green beans.

POTATOES IN CHEESE SAUCE

2 tablespoons margarine
4 scallions
1/2 cup finely chopped onion
5 tomatoes, peeled, seeded and chopped
1/2 cup heavy cream
1 teaspoon chopped cilantro
1/4 teaspoon dried oregano
pinch of dried cumin seeds
1/2 teaspoon salt
ground black pepper to taste
1 cup grated manchego or mozzarella cheese
8 large potatoes

Boil and peel the potatoes; cut them into
thick slices and place in the serving dish. Cut
the scallions into 1 inch lengths.

Heat the margarine over moderate heat
in a skillet. When melted, add the tomatoes,
scallions and onions, cooking them for 5
minutes, stirring frequently. Add the cream,
coriander, oregano, cumin, salt and a few
dashes of black pepper.

Stirring constantly, drop the cheese into
the skillet with the onions and spices. Continue
stirring and cook until the cheese melts. Pour
over potato slices and serve at once.

If you prefer, green beans may be
substituted for the potatoes.

De Colombia, esta salsa hecha con queso
blanco va perfectamente sobre papas o ejotes
cocidos.

PAPAS CHORREADAS

2 cucharadas de margarina
4 chalotes (cebollas cambray)
1/2 taza cebolla, picada
5 tomates, pelados, sin sus semillas y picados
1/2 taza de crema
1 cucharita de cilantro, picado
1/4 cucharita de orégano
1 pellizco de comino
1/2 cucharita de sal
un poco de pimienta negra
225 gramos de queso manchego o mozarelo
8 papas grandes

Hervir y pelar las papas; cortarlas en
rebanadas gruesas y ponga las en el plato de
servir. Cortar los chalotes en trozos de 3
centímetros.

Calentar la margarina en un sartén a fuego
regular. Cuando está derretida, agregar los
tomates, los chalotes y las cebollas,
cocinándolos por 5 minutos, moviéndolos a
menudo. Combinar la crema, el cilantro,
orégano, comino, la sal y la pimienta.

Moviéndolo constantemente, poner el queso al
sartén con las cebollas y especias. Continuar
de moverlo y cocer hasta que el queso está
derretido. Poner la salsa sobre las rebanadas
de papas y servir de una vez. Si desee, se
puede substituir ejotes en vez de papas.

Said to be from Puerto Rico, this dish fills up
hungry people!

CARIBBEAN BEANS AND RICE

1 16–ounce package dry pink beans
6 cups water
2 teaspoons salt
1/2 cup diced salt pork (about 2 ounces)
1 large onion, diced
1 large green pepper, diced
1 8–ounce can tomato sauce
1/2 teaspoon oregano
1/4 teaspoon garlic powder
1/4 teaspoon pepper
4 cups hot cooked rice

Rinse beans in cold running water and
discard any stones or bad beans. In 5–quart
Dutch oven bring beans, water and salt to boil
over medium–high heat. Boil for 2 minutes.
Remove from heat; cover and let stand 1 hour.

Do not drain beans. Heat beans to
boiling over high heat. Reduce heat to low;
cover Dutch oven and simmer 40 minutes,
stirring occasionally.

Meanwhile, cook salt pork in skillet over
medium heat until well browned, about 10
minutes. Add onion and green pepper; cook
until tender, stirring occasionally. Stir onion
mixture, tomato sauce, oregano, garlic powder
and pepper into beans; cook 40–50 minutes
until beans are tender and mixture is
thickened. Serve mixture spooned over rice.
Makes 6 servings.

Se dice que este platillo es de Puerto Rico.
¡Satisface a la gente con hambre!

FRIJOLES Y ARROZ AL CARIBE

1/2 kilo de frijoles secos
1.5 litros de agua
2 cucharitas de sal
60 gramos de cecina de puerco, en cubos
1 cebolla grande, picada
1 pimiento marrón, picado
1 lata de salsa de tomate (250 mililitros)
1/2 cucharita de orégano
1/4 cucharita de polvo de ajo
1/4 cucharita de pimienta
1 litro de arroz cocido y caliente

Enjuague los frijoles en agua fría y quite
cualquiera piedra o frijoles malos. En una olla
de 4 litros, hierva los frijoles, el agua y la sal a
fuego regular. Deje hervir por 2 minutos.
Remueva del fuego; cubra y deja reposar
durante 1 hora. No cuele los frijoles. Caliente
los frijoles hasta hervir a fuego vivo. Baje a
fuego lento; tape la olla y cocine por 40
minutos, moviendo de vez en cuando.

Mientras, cocine la cecina de puerco en
un sartén a fuego regular hasta bien dorada,
aproximadamente 10 minutos. Agregue la
cebolla y el pimiento marrón; cocine hasta
tierno, moviendo de vez en cuando. Ponga la
mezcla de cebolla, la salsa de tomate, el
orégano, el polvo de ajo y la pimienta en la olla
con los frijoles; cocine 40–50 minutos hasta
que los frijoles son tiernos y la mezcla es más
espesa. Sirva los frijoles sobre el arroz. Rinde
6 porciones.

CARROTS WITH PINEAPPLE

3 pounds carrots
1 can (1 pound) pineapple chunks
6 tablespoons cornstarch

Wash the carrots and cut into 1 inch slices. Cook the carrots in boiling water to cover until just tender.

Drain pineapple, reserving juice. Add enough water to reserved juice to make 3 cups liquid; stir in cornstarch until dissolved; heat in saucepan, stirring constantly, until thickened.

Arrange carrots and pineapple in 3 quart casserole; pour cornstarch mixture over carrots and pineapple. Bake at 350 for 10–15 minutes or until bubbly. Serves 12.

ZANAHORIAS CON PiÑA

1.35 kilos de zanahorias
1 lata (450 gramos) de piña en cubos
6 cucharadas de fécula de maíz

Se lava las zanahorias y se corta en rebanadas de 2.5 centímetros. Se cuece en suficiente agua hirviendo para cubrirlas, solo hasta que están tiernas.

Se quita el jugo de la piña y se reserva. Se agrega suficiente agua al jugo de piña para completar 3 tazas; se añade la fécula de maíz y se revuelve hasta disolver; se calienta, moviendo constantemente, hasta que está espeso.

Se arregla las zanahorias y la piña en una cacerola de 3 litros. Se pone encima el jugo espeso y se hornea a 180 grados centígrado por 10-15 minutos, o hasta que burbujea. Rinde 12 porciones.

This makes a colorful side dish or a delicious meatless main dish. It's so easy, the cook gets a holiday!

FIESTA BROCCOLI

7 1/4–ounce package macaroni and cheese
      dinner
10–ounce package frozen chopped broccoli,
      thawed and drained
2 tablespoons chopped pimento
1/2 teaspoon salt
2 tablespoons sliced, toasted almonds

      Prepare macaroni dinner as directed on package, except using 1/2 cup milk. Add broccoli, pimento and salt; mix well. Heat through, stirring occasionally. Spoon into serving dish; top with almonds. Serves 6.

Este platillo da color a la comida para
acompañar la carne, o como el platillo fuerte
en una cena sin carne.

BRÓCULI DE FIESTA

1 paquete (200 gramos) de macaroni con
        queso
1 paquete (283 gramos) de bróculi congelado,
        descongelado y colado
2 cucharadas de pimiento rojo, picado
1/2 cucharita de sal
2 cucharadas de almendras, en rebanadas y
        tostadas

     Se prepara el macaroni con queso
según las instrucciones en el paquete, excepto
se usa 1/2 taza de leche. Se agrega el bróculi,
pimiento y la sal; se mezcla bien. Se calienta
completamente, moviendo de vez en cuando.
Se cambia todo al fuente y se pone las
almendras encima. Rinde 6 porciones.

MARINATED TOMATO SLICES

4 small tomatoes, peeled and sliced
1/3 cup oil
2 tablespoons vinegar
1 tablespoon light corn syrup
1/2 teaspoon salt
1/4 teaspoon dry mustard
1/4 teaspoon chopped chives
1/4 teaspoon powdered basil
dash pepper

Place tomato slices in a shallow dish. Measure oil, vinegar, corn syrup, salt, mustard, basil, chives and pepper into bottle or jar. Cover and shake well. Pour over tomato slices; cover and chill.

Remove from marinade and serve. The marinade may also be used for salad dressing. Serves 4.

REBANADAS DE TOMATE EN ESCABECHE

4 tomates pequeños, pelados y en rebanadas
1/3 taza de aceite
2 cucharadas de vinagre
1 cucharada de miel Karo
1/2 cucharita de sal
1/4 cucharita de mostaza en polvo
1/4 cucharita de cebollino, picado
1/4 cucharita de albahaca en polvo
un poco de pimienta

Se arregla las rebanadas de tomate en un plato. Se mide el aceite, el vinagre, la miel Karo, la sal, la mostaza, la cebollino, la albahaca y la pimienta y se los pone en un frasco. Se tapa el frasco y agite bien. Se derrama el escabeche en las rebanadas de tomate; se cubre y se enfría.

Se remueve del escabeche y se sirve. El escabeche se puede usar como aderezo, también.

MEXICAN SQUASH

1 1/2 pounds yellow squash
1 medium onion, chopped
2 tablespoons oil
2 cloves of garlic
1 1/2 cups tomatoes
2 teaspoons cumin seed
salt to taste
1 cup water
2 serrano chilies (optional)

Wash and remove seeds from squash; do not peel. Cut into 1 inch cubes. Saute onion in oil until transparent; add squash, garlic, tomatoes, seasonings, and water. Simmer until tender, adding more water if necessary. Add the chilies, if desired, during the last 15 minutes of cooking. Serves 6.

CALABAZAS A LA MEXICANA

700 gramos de calabaza amarilla
1 cebolla, mediana
30 mililitros de aceite
2 dientes de ajo, picado
1 1/2 tazas de tomates, picados
2 cucharitas de comino
sal al gusto
1 taza de agua
2 chiles serranos, picados

Se lava las calabazas y se quita las semillas; no se las pele. Se corta en cubos de 2.5 centímetros. Se cuece la cebolla en el aceite hasta que está transparente; se añade las calabazas, el ajo, los tomates, el condimento y el agua. Se cuece a fuego regular hasta que están tiernas, agregando más agua si sea necesario. Se añade los chiles durante los últimos 15 minutos de cocer. Rinde 6 porciones.

This is a traditional accompaniment with tortilla dishes, or almost anything. It's an ingredient in numerous recipes, too.

REFRIED BEANS

2 cups dried pinto beans or dried pink beans
6 cups cold water
1 cup coarsely chopped onions
2 medium tomatoes, peeled, seeded and
       chopped
1/2 teaspoon minced garlic
1 teaspoon crumbled, seeded dried pequin
       chili
1/4 teaspoon crumbled epazote, if available
1/4 teaspoon black pepper
1/2 cup lard or vegetable oil
1 teaspoon salt

In a colander or sieve, wash the beans under cold running water. Pick out any shriveled or black beans.

In a 3-quart pot, combine the water, 1/2 cup of the onions, 1/4 cup of the tomatoes, 1/4 teaspoon of the garlic, the chili, epazote (if available) and pepper.

Add the beans. Bring the water to a boil over high heat, then loosely cover the pot and reduce the heat to low. Simmer the beans for about 15 minutes; stir in 1 tablespoon of lard or vegetable oil. Simmer for 1 1/2 hours, loosely covered; add the teaspoon of salt and simmer over the lowest possible heat, gently stirring occasionally, for another 30 minutes or until the beans are very tender and have absorbed

Este es un platillo tradicional con manjares con tortillas, o casi cualquiera cosa. También es un ingrediente en muchas recetas.

FRIJOLES REFRITOS

2 tazas de frijoles pintos
1.5 litros de agua fría
1 taza de cebolla picada
2 tomates medianos, pelados, sin sus semillas
    y picados
1/2 cucharita de ajo picado
1 cucharita de chile pequín, machucado
1/4 cucharita de epazote, si hay
1/4 cucharita de pimienta
1/2 taza de manteca o aceite comestible
1 cucharita de sal

En un colador o cedazo, lave los frijoles en un chorro de agua fría. Quite cualquier frijol malo.

En una olla de 3 litros, combine el agua, la mitad de la cebolla, 1/4 taza de tomate, la mitad del ajo, todo el chile, el epazote (si disponible) y la pimienta.

Agregue los frijoles. A fuego vivo, cocine hasta que el agua hierve, tape la olla y baje a fuego lento. Cocine por 15 minutos; añada una cucharada de manteca o aceite comestible. Cuece por 1 hora y media, tapado levemente; agregue la sal y cocine en el fuego más lento posible, moviendo de vez en cuando, por 30 minutos más, o hasta que los frijoles son tiernos y han absorbido el liquido.

the cooking liquid. Remove the pan from the heat and cover it to keep the beans warm.

Melt 2 more tablespoons of the lard or vegetable oil in a heavy skillet over moderate heat. Add the remaining chopped onions and garlic; lower the heat and saute for about 5 minutes or until the onion is transparent.

Stir in the remaining tomatoes and simmer for 2 to 3 minutes. Add 3 tablespoons of the cooked beans to the pan of simmering sauce; mash them with a fork, then stir in 1 tablespoon of the remaining lard or vegetable oil. Continue adding and mashing the cooked beans a little at a time, adding another tablespoon of lard or vegetable oil after each addition of beans until all the beans and lard or vegetable oil are used.

Cook over low heat for 10 minutes, stirring frequently. The beans will be fairly dry. Serve in a bowl or on individual plates. Serves 4 to 6.

Remueva la olla del fuego y cúbrela para conservar caliente los frijoles.

Derrita 2 cucharadas más de la manteca o aceite comestible en un sartén pesado a fuego regular. Agregue la cebolla y el ajo que quedan; baje el fuego y cocine por 5 minutos o hasta que la cebolla está trasparente. Combine lo demás de los tomates y cocine 2 o 3 minutos.

Agregue 3 cucharadas de los frijoles cocidos al sartén con la salsa; machúquelos con un tenedor, y muévalo, agregando 1 cucharada más de manteca o aceite. Continúe alternando el agregar y machucar frijoles con agregar manteca o aceite hasta que se usa todos los frijoles y toda la manteca o aceite.

Cocine a fuego lento por 10 minutos, moviendo a menudo. Los frijoles estarán un poco secos. Sirva en una fuente o en platos individuales. Rinde 4–6 porciones.

This unusual dish will make spinach–lovers of
everyone!

SPINACH RICE SQUARES

2 cups cooked brown or white rice
2 10–ounce packages frozen, chopped
        spinach, thawed and drained
4 beaten eggs
2/3 cup milk
1/4 cup melted butter or margarine
2 tablespoons instant minced onion
2 tablespoons parsley flakes
1 teaspoon worcestershire sauce
1 teaspoon seasoned salt
1/2 teaspoon thyme
1/2 teaspoon nutmeg
2 cups shredded cheddar or American cheese

      Cook rice according to the package
directions. Thaw spinach and drain well.
Meanwhile, beat eggs; add milk, butter, onion,
parsley, worcestershire sauce, salt thyme and
nutmeg, mixing well. Stir in rice, spinach and
cheese.

      Turn into a greased 8–inch square
baking pan; spread evenly. Bake in oven at
325 degrees for one hour. Cut into squares.
Makes 9 servings.

¡Este platillo inusual hará de todos aficionados de espinacas!

BLOQUES DE ESPINACAS Y ARROZ

2 tazas de arroz moreno o blanco, cocido
2 paquetes congelados (566 gramos) de
      espinacas picadas, descongelados y
      colados
4 huevos batidos
2/3 taza de leche
1/4 taza de mantequilla o margarina, derretida
2 cucharadas de cebolla instante, picado
2 cucharadas de perejil en hojuela
1 cucharita de salsa inglesa
1 cucharita de sal sazonada
1/2 cucharita de tomillo
1/2 cucharita de nuez moscada, en polvo
225 gramos de queso amarillo, rallado

Cocine el arroz según las instrucciones en el paquete. Descongele las espinacas y cuele bien. Mientras, bate los huevos; agregue la leche, la mantequilla o margarina, la cebolla, el perejil, la salsa inglesa, la sal, el tomillo, y la nuez moscada, mezclando bien. Combine el arroz, espinacas y queso.

Póngalo en una charola (20 x 20 centímetros) bien engrasado; extiéndalo bien. Hornee a 165 grados centígrado por 1 hora. Corte en bloques. Rinde 9 porciones.

This is a super–nutritious version of that Tex/Mex favorite, chili. You can make it mild by using California chili or green pepper. Or jazz it up by using piquin chili, or other hot chili.

MEXICAN SOY BEANS

1 cup soybeans (soaked overnight in 3 cups
water)
2 teaspoons chili pepper
1 teaspoon cumin
2 teaspoons oregano
2 teaspoons paprika
6 cloves garlic, pressed
3/4 cup sherry (optional)
1 small onion, chopped
1/2 cup green chili, chopped
1/3 cup sherry (optional)
1 1/4 cups chopped tomatoes
4 teaspoons cornstarch
1 1/4 teaspoons salt
1 cup or more grated cheddar cheese

Simmer soybeans in soaking water with spices and 3/4 cup sherry for 2 1/2 hours. Do this on top of stove or in 325 degree oven. (This part can be prepared in advance and kept refrigerated. The flavor improves with time.) Add the onion and green chili and cook for 20 minutes. Add 1/3 cup sherry and cook for 2 to 3 minutes.

Mix together chopped tomatoes, cornstarch and salt; add to soybean mixture. Cook until thickened. Spoon into individual casseroles and top with cheese. Broil until cheese is melted. Serves 4.

Una versión super–nutrido del favorito "chili" de Texas (que fue parte de México en un entonces).

SOJA MEXICANA

1 taza de semillas de soja (remojadas por la
    noche en 3 tazas de agua)
2 cucharitas de chile
1 cucharita de comino
2 cucharitas de orégano
2 cucharitas de paprika
6 dientes de ajo, machucados
3/4 taza de vino de Jerez (opcional)
1 cebolla pequeña
1/2 taza de chile verde, picado
1/3 taza de vino de Jerez (opcional)
1 1/4 tazas de tomates, picados
4 cucharitas de fécula de maíz
1 1/4 cucharitas de sal
120 gramos o más de queso amarillo (cheddar)

Cocine las semillas de soja en su agua de remojar con las especias y 3/4 taza de vino de Jerez por 2 1/2 horas. Se puede hacer en la estufa o en el horno a 165 grados centígrado. (Esta parte se puede hacer antes y guardarlo en el refrigerador. El sabor mejora con tiempo.) Agregue las cebollas y el chile verde y cocine por 20 minutos. Añade 1/3 taza de vino de Jerez y cocine por 2 o 3 minutos.

Mezcle los tomates picados con la fécula de maíz y la sal; agregue a la mezcla de soja. Cocine hasta más espesa. Ponga en cazuelas individuales y ponga el queso encima. Ase hasta que el queso está derretido. Rinde 4 porciones.

STUFFED SQUASH

4 large Hubbard squash
2 ears of corn
1 cup of milk
1 poblano chili, cut in strips
1 tablespoon chopped onion
1/2 teaspoon salt
2 tablespoons grated cheese

Wash the squash and put it in a saucepan; add enough water to cover and boil for a few minutes. Don't overcook.

Cut the corn from the cobs and mix it with the milk, the strips of chili and onion; warm over medium heat. Add salt and stir. Preheat oven to 350 degrees Fahrenheit.

Hollow out the cooked squash and mix the pulp with the corn; fill the squash shells with this mixture and place them in a baking dish. Sprinkle with grated cheese and bake for 10–15 minutes. Serves 4.

CALABAZAS RELLENAS

4 calabazas redondas grandes
2 elotes enteros
1 taza de leche
1 chile poblano en rajas
1 cucharada de cebolla picada
1/2 cucharita de sal
2 cucharadas de queso rallado

Lave las calabazas y póngalas a cocer en agua con sal. No los cueza mucho.

Desgrane el elote y mézclelo con la leche, las rajas y la cebolla y póngalo al fuego. Añada sal y revuelva. Encienda el horno a 175 grados centígrado.

Ahueque las calabazas cocidas y mezcle la pulpa con el elote. Rellénelas, arréglelas en un trasto refractario y rocíe con el queso rallado. Hornéelas durante 10–15 minutos. Rinde 4 porciones.

This casserole has the flavor of Argentina. Yeah! Serve it with a tango as a meatless main dish or to accompany a steak.

VEGETABLE CASSEROLE

1/2 cup salad oil
3 chayote, boiled, peeled and cut in 1-inch
        chunks (6 raw crook neck squash may
        be substituted for chayote)
1 garlic clove, sliced
1 pequin chili (optional)
3 small zucchini, cut into 1/2-inch slices
3 medium onions, cut into 1/2-inch slices
1 15 1/2- to 20-ounce can kidney beans
1 15 1/2- to 20-ounce can garbanzo beans
1 6-ounce can tomato paste
1/4 cup minced parsley
1 teaspoon Italian seasoning
1 teaspoon salt
1/4 teaspoon pepper
1 pound Asadero or Jack cheese, cut into 8
        slices

In 5-quart Dutch oven or pot, heat chayote or cook crook neck squash over medium-high heat in 1/2 cup salad oil, stirring frequently. Remove chayote or yellow squash with slotted spoon and drain on paper towels.

Cook the garlic and the chili (if desired) in the same oil until lightly browned; discard the garlic and chili. Add the zucchini and the onions; cook over medium-high heat, stirring until the zucchini is browned.

Esta cazuela sabe a Argentina. ¡Che! Sírvala
con un tango para un platillo fuerte sin carne o
para acompañar un bistec.

CAZUELA DE VEGETALES

1/2 taza de aceite comestible
3 chayotes, cocidos, pelados y cortados en
     trozos (se puede substituir 6 calabazas
     amarillas si no hay chayotes)
1 diente de ajo, en rebanadas
1 chile pequín (opcional)
3 calabacitas italianas, en rebanadas gruesas
3 cebollas medianas, en rebanadas gruesas
1 lata (500–625 mililitros) de alubias o frijoles
     rojos
1 lata (500–625 mililitros) de garbanzos
1 lata (190 mililitros) de pasta de tomate
1/4 taza de perejil, picado
1 cucharita de especias italianas
1 cucharita de sal
1/4 cucharita de pimienta
450 gramos de queso Asadero o Jack, en 8
     rebanadas

En una olla de 5 litros, caliente el
chayote o cocine las calabazas amarillas a
fuego regular en 1/2 taza de aceite comestible,
moviendo a menudo. Remueva los chayotes o
calabazas con una cuchara con agujeros y
cuele en toallas de papel.

Dore el ajo y chile (si ud. desee) en el
mismo aceite; quite el ajo y chile y descártelo.
Agregue las calabacitas italianas y cebolla;
cuece a fuego regular, moviendo hasta que las
calabacitas italianas están doradas.

Gently stir in the chayote, the beans and all the remaining ingredients except the cheese. Spoon into 13" by 9" baking dish and bake in oven at 375 degrees for 35 minutes.

Arrange cheese slices in rows on top of vegetables. Bake 5 minutes more or until cheese is melted. Makes 8 main-dish servings.

Suavemente agregue el chayote, los frijoles, garbanzos y demás ingredientes excepto el queso. Ponga en una charola de 32 por 23 centímetros y hornee a 190 grados centígrado por 35 minutos.

Arregle las rebanadas de queso encima de los vegetales. Hornee 5 minutos mas o hasta que se derrite el queso. Rinde 8 porciones de platillo fuerte.

BAKED ZUCCHINI SUPREME

1 large zucchini
2 slices crisp bacon, crumbled
1/2 cup chopped onion
4 fresh tomatoes, diced
salt and pepper to taste

Slice the zucchini in half lengthwise; scoop out the seeds. Place chopped bacon, onion and tomatoes in hollows. Season with salt and pepper. Place in 9 inch cake pan. Bake for 45 minutes in 350 degree oven. Cut each half zucchini in two and serve. Serves 4.

CALABAZA ITALIANA SUPREMA

1 calabaza italiana grande
2 rebanadas de tocino cocido, picado
1/2 taza de cebolla picada
4 tomates, picados
sal y pimienta al gusto

Se corta la calabaza en dos por lo largo; se quita las semillas. Se pone el tocino, la cebolla y los tomates en los huecos. Se sazona al gusto con sal y pimienta. Se pone las calabazas en un molde de 23 centímetros. Se hornea a 180 grados centígrado por 45 minutos. Se corta cada mitad en dos y se sirve. Rinde 4 porciones.

NOTES/NOTAS

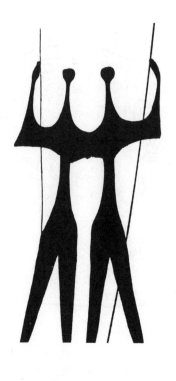

BREAD

PAN

This is a good solution if you go overboard buying avocados and discover that they are all getting ripe at the same time. Or, if you are lucky enough to have an avocado orchard!

AVOCADO BREAD

2 cups sifted flour
3/4 cup sugar
3/4 teaspoon salt
1/2 teaspoon baking soda
1 1/2 teaspoons baking powder
1 egg, beaten
1/2 cup mashed ripe avocado
1/2 cup buttermilk
1 cup chopped pecans

Sift flour, sugar, salt, soda and baking powder together several times to blend. Combine the egg and avocado. Add this to the flour mixture, alternating with buttermilk. Fold in nuts.

Pour into well-greased loaf pan. Bake at 350 degrees for 1 hour or until a toothpick inserted near the center comes out clean. Let cool in the pan 5 minutes then turn onto a rack to cool completely before slicing.

La solución si usted compra muchos
aguacates y todos se maduran a la vez. ¡O si
tiene la dicha de tener un huerto de aguacates!

PAN DE AGUACATE

2 tazas de harina
3/4 taza de azúcar
3/4 cucharita de sal
1/2 cucharita de bicarbonato de sodio
1 1/2 cucharitas de polvo de hornear
1 huevo, batido
1/2 taza aguacate maduro, machucado
1/2 taza leche agria
1 taza nueces

     Cerner la harina, el azúcar, la sal, el
bicarbonato y el polvo de hornear juntos varias
veces para combinar. Añadir el huevo y el
aguacate a la mezcla de harina, alternando
con la leche agria. Agregar las nueces.

     Extender la masa en un molde de pan,
bien engrasado. Hornear a 180 grados
centígrado por una hora o hasta que un
picadientes metido al centro sale limpio. Dejar
reposar en el molde por 5 minutos; sacarlo del
molde a una rejilla para enfriar bien antes de
cortar en rebanadas.

These wafers are very short, rich and adult—not sweet!

CHEESE WAFERS

3/4 cup margarine
1/2 cup shredded Asadero, Manchego, or Jack
        cheese
1/3 cup Cotija or Parmesan cheese
1/2 clove garlic, minced
1 teaspoon chopped parsley
1 teaspoon chopped chives
2 cups sifted flour

Cream together margarine and both kinds of cheese. Mix in garlic, parsley, chives, and flour. Shape into 1 1/2 inch rolls. Chill well.

Slice 1/4 inch thick and bake at 375 degrees for 8 to 10 minutes. May be served plain or with salsa.

Estas galletas son muy ricos, no dulces—nada de niños.

GALLETAS DE QUESO

3/4 taza de margarina
1/2 taza de queso Asadero, Manchego, o Jack, rallado
1/3 taza de queso Cotija o Parmesano, rallado
1/2 diente de ajo, picado
1 cucharita de perejil, picado
1 cucharita de cebollino, picado
2 tazas de harina

Se mezcla la margarina y los dos quesos. Se agrega el ajo, perejil, cebollino y harina. Se forma la masa en troncos de 3–4 centímetros. Se enfría bien los troncos.

Se corta en rebanadas de .75 centímetros y se hornea a 190 grados centígrado por 8–10 minutos. Se puede servir sencillo o con salsa.

This tasty loaf has the goodness of dates, brought to Baja California by the Jesuits and Dominicans. Groves planted by them still produce fruit at Mulege and San Ignacio.

OATMEAL DATE BREAD

2 1/2 cups flour
1/2 cup old fashioned or quick oats, uncooked
1/2 cup packed brown sugar
1 tablespoon baking powder
1 teaspoon soda
1/2 teaspoon salt
1 cup milk
1/3 cup margarine, softened
1 egg
3/4 cup chopped dates

     Combine flour, oats, brown sugar, baking powder, soda and salt; add milk, margarine and egg, mixing just until moistened. Stir in dates.

     Spoon into greased and floured 9" by 5" loaf pan. Bake at 350 degrees for 50 minutes. Cool 10 minutes, then remove from pan. Makes 14 large slices. These may be cut in half to make 28 servings.

Esta barra sabrosa contiene dátiles, como trajeron los Jesuitas y Domínicas a Baja California. Huertos plantados por ellos todavía producen fruta en Mulegé y San Ignacio.

PAN DE AVENA Y DÁTILES

2 1/2 tazas de harina
1/2 taza de avena, cruda
1/2 taza de azúcar moreno
1 cucharada de polvo para hornear
1 cucharita de bicarbonato de sodio
1/2 cucharita de sal
1 taza de leche
1/3 taza de margarina, no fría
1 huevo
170 gramos de dátiles, picados

Combine la harina, avena, azúcar moreno, polvo para hornear, bicarbonato de sodio, y sal; agregue la leche, la margarina, y el huevo, mezclando solo hasta que esté mojado. Mezcla los dátiles en el batido.

Ponga en un molde de barra de 23 por 13 centímetros, engrasado. Hornee a 180 grados centígrado durante 50 minutos. Enfríe por 10 minutos, entonces quite del molde. Rinde 14 rebanadas grandes. Estas se puede cortar en dos para servir. Rinde 28 porciones.

Aunt Dot used to make this.

MEXICAN SPOON BREAD

1 cup creamed corn
1 cup yellow corn meal
3/4 cup milk
2 eggs
1/2 teaspoon baking soda
1 1/2 cups shredded cheese (longhorn,
        cheddar or asadero)
1 small can chopped green chili
1/3 cup oil

Mix baking soda and corn meal; add creamed corn, milk, eggs and oil. Put half of mixture in a 9" by 12 " glass baking dish, spreading it evenly. Top with 1/2 of the cheese and all of the green chili. Put rest of the batter over this layer and top with cheese.

Bake at 375 degrees for 25–30 minutes. Let bread cool 20–30 minutes. Cut into 2 inch cubes. Serves 18–24.

Tía Dorotea solía hacer este pan.

PAN MEXICANO

1 taza crema de elote
1 taza harina de maíz
3/4 taza de leche
2 huevos
1/2 cucharita bicarbonato de sodio
170 gramos de queso rallado, (cheddar o
 asadero)
1 lata chica de chile verde picado
1/3 taza de aceite

Se mezcla el bicarbonato con la harina de maíz; se agrega la crema de elote, la leche, los huevos y el aceite. Se pone la mitad de la mezcla en una charola de 32 por 23 centímetros; se extiende formando una capa uniforme. Encima se pone la mitad del queso rallado y todos los chiles. Se pone lo demás del batido y encima lo demás del queso.

Se hornea a 190 grados centígrado durante 25-30 minutos. Se deja enfriar por 20-30 minutos. Se corta en bloques de 5 centímetros. Rinde 18-24 porciones.

This moist, rich bread makes a perfect snack to offer guests with coffee or tea.

PUMPKIN BREAD

3 cups sugar
1 cup oil
3 eggs
2 cups pumpkin (1 #303 can)
3 cups flour
1/2 teaspoon salt
1/2 teaspoon baking powder
1 teaspoon cloves
1 teaspoon cinnamon
1 teaspoon nutmeg
1 teaspoon soda

Beat together sugar, oil and eggs; blend pumpkin into mixture. Sift in flour, salt, baking powder, spices and soda.

Pour batter into ungreased loaf pan lined with waxed paper. Bake at 350 degrees for 1 hour and 15 minutes. Makes 2 loaves.

Este pan húmedo y rico es perfecto para servir a invitados con el café o té.

PAN DE CALABAZA DE CASTILLO

3 tazas azúcar
1 taza aceite
3 huevos
2 tazas calabaza de castilla
3 tazas harina
1/2 cucharita sal
1/2 cucharita polvo de hornear
1 cucharita clavos, molidos
1 cucharita canela, molida
1 cucharita nuez moscada, molida
1 cucharita bicarbonato de sodio

Batir juntos el azúcar, aceite y huevos; combinar la calabaza. Cerner la harina, sal, el polvo de hornear, las especias y el bicarbonato.

Poner el batido en moldes con un forro de papel parafinado sin engrasar. Hornear a 180 grados centígrado durante 1 hora y 15 minutos. Rinde 2 barras.

ROLLS

2 cups water
2 tablespoons margarine, at room temperature
1/2 cup sugar
1 tablespoon salt
1 package active dry yeast
about 6 1/4 cups all-purpose flour, unsifted

Combine water, margarine, sugar and salt in a pan. Warm over low heat, stirring pan frequently until it reaches between 105 and 115 degrees on a candy thermometer. Pour into a large bowl; stir in the yeast until it is well dissolved. Beat in about 5 1/2 cups of the flour with a heavy spoon to form a stiff dough.

Turn the dough onto a board coated with about half of the remaining flour. Knead it for 10 to 15 minutes or until the dough is smooth and feels velvety; add more flour if needed to keep the dough from sticking to the board. Place in a greased bowl and turn the dough over to grease top. Cover bowl with clear plastic and let stand in a warm place for 1 to 1 1/2 hours or until dough rises almost double. Punch down dough, then turn it out onto a lightly floured board and divide into 2 equal pieces. If you have only one oven, wrap one piece of dough in plastic and refrigerate it.

Divide the working dough into two more pieces. On a lightly floured board, form one piece (1/4 of the dough) into a smooth log by gently kneading and rolling the dough back and forth until it is 18 to 20 inches long. Divide the log in thirds and separate each piece by twisting. For smooth, well-shaped rolls, press

BOLILLOS

2 tazas agua
2 cucharadas margarina, a temperatura
   ambiental
1/2 taza azúcar
1 cucharada sal
1 paquete levadura activa, seca
6 1/4 tazas de harina sin cerner, más o menos

Combinar el agua, mantequilla, azúcar y la sal en una olla. Calentar a fuego lento, moviendo a menudo hasta que alcanza entre 42 y 46 grados centígrado en un termómetro de dulces. Ponerlo en un plato hondo grande; agregar la levadura y mover hasta que se disuelve bien. Añadir 5 1/2 tazas de harina y mezclar con una cuchara hasta que forma una masa espesa.

Poner la masa en una tabla con 1/3 taza de la harina que queda. Amasarla por 10 o 15 minutos hasta que está uniforme y sedosa; agregar más harina si se necesita para que la masa no se pega a la tabla. Poner la masa en un plato hondo engrasado y voltearla para engrasar todos lados. Tapar el plato hondo con plástico y dejar reposar en un lugar templado por 1 hora o 1 y 1/2 horas o hasta que la masa casi se reduplica. Aplastar la masa y voltearla en una tabla con un poco de harina.

Dividirla en 2 pedazos. Si tiene solo un horno, envolver un pedazo en plástico y ponerlo en el refrigerador. Dividir el otro pedazo en 2 otra vez. En la tabla con un poco de harina, formar 1 pedazo (1/4 del total) en un tronco por amasar y rodar hasta que mide

a trench lengthwise down the center of the dough; then fold dough in half lengthwise along the trench. With a gentle kneading motion, seal along the edge by pressing against fold with the heel of your hand, rolling and pushing the sealed edge underneath. Place rolls end to end (they may touch at ends, but not at sides) on a greased baking sheet.

Work the other half of the working dough in the same way and place rolls on greased baking sheet. Cover them lightly with plastic. Let rise in a warm place for about 15 to 20 minutes or until they are puffy looking, but not doubled in size. With a sharp knife, cut a slash down the length of each roll, about 1/2 inch deep. Bake at 375 degrees for 30–40 minutes. Cool on wire racks.

When you put the first pan of rolls in the oven, remove the second piece of dough from the refrigerator and shape in the same way. It will take about 30 minutes to rise until puffy looking (or longer if you work slowly). Bake it in the same way as the first pan of rolls. Makes 12 large rolls.

45–50 centímetros. Dividir el tronco en 3 y
separar cada pieza por torcerla. Para unos
bolillos bien formados, hacer una zanja por lo
largo de la masa; luego doblar la masa a lo
largo de esta zanja. Con una acción suave,
sellar las orillas con presión de la mano,
rodando y empujando la juntura hacia abajo.
Poner los bolillos cola a cola en una lámina
engrasada. Se puede tocar en los cabos pero
no en los lados.

Formar la otra mitad de la masa no
refrigerada en la misma manera y poner los
bolillos en la lámina engrasada. Cubrirlos con
plástico. Dejar subir en un lugar templado por
15 0 20 minutos hasta que son esponjados
pero no doblados en tamaño. Con un cuchillo
afilado, hacer un corte de 1 centímetro por lo
largo de cada birote. Hornear a 190 grados
centígrado por 30–40 minutos. Enfriar en unas
rejillas.

Al meter la primera lámina en el horno,
remover la otra mitad de masa del refrigerador
y formar en la misma manera. Necesitarán 30
minutos para subir hasta que se ven
esponjados (o tal vez más si ud. trabaja
lentamente). Hornear en la misma manera
como la primera lámina. Rinde 12 bolillos.

NOTES/NOTAS

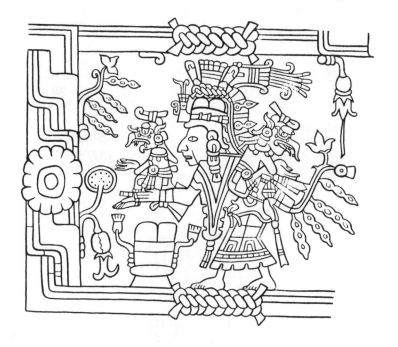

DESSERTS & COOKIES

POSTRES Y GALLETAS

STUFFED CHAYOTE SQUASH

3 large chayotes
3 eggs, lightly beaten
3/4 cup sweet sherry
1 1/2 teaspoons ground nutmeg
1 cup seedless raisins
1 cup sugar
4 cups crumbled pound cake
1/2 cup slivered blanched almonds

Cut the chayote squash in half lengthwise; place them in a saucepan and cover them with cold water. Bring to a boil over high heat. Cover pan, reduce to low heat, and simmer for 30 minutes or until tender when tested with a fork. Drain the chayotes and let them cool.

Remove the seeds and discard, then scrape out most of the pulp, leaving a 1/4 inch layer in the shell. In a mixing bowl, mash the pulp that was removed. A little at a time beat in the eggs, sherry and ground nutmeg. Add the raisins, sugar and cake crumbs and mix well. The filling should be about the consistency of mashed potatoes, holding its shape. If it is too thin, add more crumbled cake.

Preheat oven to 350 degrees. Fill the chayote shells with the filling, mounding it up on the top. Sprinkle with slivered almonds. Arrange the shells in a buttered baking dish and bake for 15 minutes or until the tops are lightly browned. Serve warm from the oven. Serves 6.

CHAYOTE RELLENO

3 chayotes, grandes
3 huevos, batidos
3/4 taza vino de Jerez dulce
1 1/2 cucharitas nuez moscada, molida
1 taza pasas de uva sin semilla
1 taza azúcar
4 tazas de migajas de panqué
1/2 taza de almendras en rebanadas

Se corta en dos por lo largo los chayotes; se los pone en una olla y los cubre con agua fría. A fuego vivo, se hierve el agua. Se tapa la olla y se baja a fuego lento; se deja cocer por 30 minutos o hasta que son tiernos cuando tentados con un tenedor. Se cuela los chayotes y los deja enfriar. Se remueve las semillas y las descarta. Se saca la pulpa, dejando una capa de 3/4 de centímetro en las cáscaras. En un plato hondo, se machuca la pulpa; un poco a la vez se agrega los huevos batidos, el Jerez, y la nuez moscada. Se añade las pasas, el azúcar y las migajas de panqué. Se mezcla bien. El relleno debe de estar muy espesa, como puré de papas. Si no lo es, se puede agregar más migajas de panqué.
Se calienta el horno a 180 grados centígrado. Se rellena las cáscaras de chayote con la mezcla, amontonándolo encima. Se salpica con almendras. Se arregla los chayotes rellenos en una charola engrasada, y los hornea por 15 minutos o hasta que la cima está dorada. Rinde 6 porciones.

CHEWY CARAMEL BARS

1 6–ounce jar cajeta or 32 caramels
2/3 cup evaporated milk (5 1/3–fl. ounce can)
1 cup flour
3/4 cup old fashioned or quick oats, uncooked
1/2 cup packed brown sugar
1/2 teaspoon soda
1/4 teaspoon salt
3/4 cup margarine
6–ounce package semi–sweet chocolate
pieces

If using caramels, melt them with milk in covered double boiler or heavy saucepan over low heat. If you use cajeta, you will not need to melt it or use milk. Combine dry ingredients; cut in the margarine until mixture resembles coarse crumbs. Reserve 1 cup.

Press remaining crumb mixture onto bottom of greased 13" by 9 " baking pan. Bake at 350 degrees for 12 minutes.

Sprinkle chocolate pieces over baked crust. Spread caramel mixture or cajeta evenly over chocolate pieces; sprinkle with reserved crumb mixture. Continue to bake for 20 minutes. Chill 2 hours. Cut into bars to serve.

GALLETAS DE AZÚCAR QUEMADO

1 frasco de cajeta (170 gramos) o 32
    caramelos chiclosos
2/3 taza de leche evaporada
1 taza de harina
3/4 taza de avena, cruda
1/2 taza de azúcar moreno
1/2 cucharita de bicarbonato de sodio
1/4 cucharita de sal
3/4 taza de margarina
1 paquete (170 gramos) de pedacitos de
    chocolate

    Si use caramelos, se los derrite con la
leche en un baño de María a fuego lento. Se
combina los ingredientes secos; se agrega la
margarina mezclando bien. La mezcla debe
parecer a migajas. Se reserva 1 taza de la
mezcla seca.

    Lo demás de la mezcla seca se
extiende en una charola de 32 por 23
centímetros. Se hornea a 180 grados
centígrado por 12 minutos.

    Se salpica con los pedacitos de
chocolate, luego extiende la mezcla de
caramelos o la cajeta encima (si use cajeta,
no necesita la leche). Encima se rocía la
mezcla seca
reservada. Se continua a hornear por 20
minutos. Se enfría por 2 horas antes de cortar
en barras.

These turnovers are from Argentina. They also make a tasty snack.

CHEESE TURNOVERS

3/4 cup shortening
1/4 cup boiling water
1 tablespoon milk
2 cups flour
1 teaspoon salt
1 pound small curd cottage cheese
sugar
cinnamon

Combine shortening, water, and milk in a bowl; mix with a fork until mixture is smooth. Sift flour and salt together into the shortening mixture. Stir quickly until dough holds together. Roll out into 3 inch circles. Fill each circle with 1 teaspoon of cottage cheese; top with about 1 teaspoon of sugar; sprinkle with cinnamon.

Fold dough over to form a half-circle; pinch open edges together. Sprinkle top with sugar. Bake on ungreased cookie sheet at 400 degrees for about 30 minutes or until brown. Makes 3 dozen.

Estas empanadas son de Argentina. Son una botana sabrosa.

EMPANADAS DE QUESO

3/4 tazas de manteca vegetal
1/4 taza de agua hirviendo
1 cucharada de leche
2 tazas de harina
1 cucharita de sal
450 gramos de requesón
azúcar
canela

Se combina la manteca, el agua y la leche en un plato hondo; se mezcla con tenedor hasta que está uniforme. Se espolvorea la harina con la sal a la mezcla de manteca. Se revuelve hasta que la pasta se junta. Se extiende en círculos delgados de 8 centímetros. Se pone una cucharita de requesón en cada circulo; se espolvorea con una cucharita de azúcar; se rocía con canela.

Se dobla la pasta para formar una media luna; se pellizca las orillas abiertas para cerrarlas. Se salpica con buena cantidad de azúcar. Se coloca en una lámina sin grasa. Se hornea a 200 grados centígrado durante 30 minutos, o hasta que están doradas. Rinde 36 empanadas.

BAKED CUSTARD

3 cups milk
6 tablespoons sugar
1/4 teaspoon salt
3 eggs, beaten
1 teaspoon vanilla
dash of nutmeg

Scald milk with sugar and salt; slowly pour it into beaten eggs, stirring rapidly. Add vanilla; pour into custard cups. Place cups in a shallow pan of hot water; sprinkle with nutmeg.

Bake at 325 degrees Fahrenheit for about 30 minutes or until a toothpick inserted near the center comes out clean. Cool and serve. Store leftover custard in the refrigerator. Yields 6 servings.

FLAN

3 tazas leche
6 cucharadas de azúcar
1/2 cucharita de sal
3 huevos, batidos
1 cucharita de vainilla
pisca de nuez moscada

Se calienta la leche con el azúcar y la sal hasta que forma una capa encima; muy despacio se añade la leche a los huevos batidos, moviendo rápido. Luego se agrega la vainilla; se pone en moldes individuales y estos se coloca en una charola con agua caliente.

Se guarnece con nuez moscada y se hornea a 180 grados centígrado por 30 minutos, o hasta que un picadientes metido al centro sale limpio. Se deja enfriar y se sirve. Si queda flan, guárdelo en el refrigerador. Rinde 6 porciones.

LEMON BARS

1 cup flour
1/3 cup powdered sugar
1/2 cup margarine
3 eggs, beaten
3 tablespoons lemon juice
1 capful lemon extract
1 1/2 cups sugar
3/4 teaspoon baking powder
3 tablespoons flour
powdered sugar

Cream together flour, 1/3 cup powdered sugar and margarine. Spread in 8" by 8" glass baking dish. Bake at 350 degrees for 25 minutes.

Beat together eggs, lemon juice, extract, sugar, baking powder and 3 tablespoons flour. Pour over baked mixture. Bake 25 minutes at 350 degrees or until custard sets.

Loosen edges when you remove it from the oven, cut into bars. Cool completely before removing bars from pan to paper towels dusted with powdered sugar. Dust tops with powdered sugar, also. Makes 32 cookies.

GALLETAS DE LIMÓN

1 taza de harina
1/3 taza de azúcar en polvo
1/2 taza de margarina
3 huevos batidos
3 cucharadas de jugo de limón
1/2 cucharita extracto de limón
1 1/2 tazas de azúcar
3/4 cucharitas polvo de hornear
3 cucharadas harina
azúcar en polvo

Batir juntos la harina, 1/3 taza del azúcar en polvo y la margarina. Extenderlo en una charola de vidrio de 20 por 20 centímetros. Hornear a 180 grados centígrado por 25 minutos.

Combinar los huevos, el jugo de limón, el extracto, el azúcar, el polvo de hornear y 3 cucharadas de harina. Ponga encima de la corteza horneada. Hornear por 25 minutos más a 180 grados o hasta que el pudín es espeso.

Soltar las orillas al quitarlo del horno y cortar en barras. Dejar enfriar bien antes de quitar de la charola y poner las barras en toallas de papel espolvoreados con azúcar en polvo. Espolvorear la parte encima con más azúcar en polvo. Rinde 32 barras.

After a spicy meal, nothing is so refreshing as a creamy mint! These easy mints make a nice gift.

NO-COOK MINTS

5 tablespoons margarine
4 drops food coloring
1 teaspoon spearmint or peppermint extract
1 pound (4 cups) powdered sugar
2 tablespoons cold water

Melt margarine. Add food coloring and extract and stir to blend. Stir in powdered sugar and water. Knead in pan, then on a board until smooth.

Roll out on wax paper to about 1/4 inch thick and cut with cookie cutters. Or make into small balls and flatten with a glass or fork. The trimmings may be re-kneaded and rolled again. After shaping, place on cake racks for several hours to dry. Makes about 1 1/4 pound.

Después de una comida bien condimentada,
no hay nada tan refrescante como una menta
cremosa. Estas mentas hace un bonito regalo,
también.

MENTAS SIN COCER

5 cucharadas de margarina
4 gotas de colorante comestible
1 cucharita de extracto de menta o de hierba
    buena
.45 kilos de azúcar en polvo
2 cucharadas de agua fría

Se derrite la margarina. Se agrega el
colorante y extracto y se mueve bien para
combinar. Se añade el azúcar y el agua. Se
amasa un poco en la olla, luego en una tabla.

Se extiende en un papel parafinado
hasta 1/2 centímetro de grueso. Se corta con
moldes de galletas o con un vaso. O se puede
formar bolitas y aplastarlas con un vaso o con
tenedor. Lo que sobra se puede amasar de
nuevo. Después de formar, se pone en rejillas
durante varias horas para secar. Rinde .55
kilos de dulce.

BANANA CREAM CAKE

2 1/4 cups cake flour (substitute 2 tablespoons
      cornstarch for 2 tablespoons of regular
      cake flour for creamy consistency)
1 1/4 cup sugar
2 1/2 teaspoons baking powder
1/2 teaspoon soda
1/2 teaspoon salt
1/8 teaspoon cloves**
1 1/4 teaspoon cinnamon**
1/2 teaspoon nutmeg**   (**spices optional)
1 1/2 cups mashed bananas
1/2 cup shortening
2 eggs
1 teaspoon vanilla

Sift flour, sugar, baking powder, soda, salt and spices, if desired, in a large bowl. Drop in 1/2 cup mashed bananas, shortening, and eggs; mix 2 minutes on medium speed. Add rest of bananas and vanilla and beat 1 minute longer.

Bake in greased pans lined with wax paper (two 8" pans or one 13" by 9" pan). Bake at 375 degrees: 8" pans about 25 minutes; bake 13" by 9" pan for 35 minutes. Cake can be frosted or topped with whipped cream and sliced bananas.

PASTEL DE PLÁTANO

2 1/4 tazas de harina (se sustituye 2
    cucharadas de fécula de maíz por 2 de
    harina para que sea más cremoso)
1 1/4 tazas azúcar
2 1/2 cucharltas polvo de hornear
1/2 cucharita bicarbonato de sodio
1/2 cucharita sal
1/8 cucharita de clavos,** molidos
1 1/4 cucharita canela,** molida
1/2 cucharita nuez moscada**   (**opcional)
1 1/2 tazas de plátanos, machucados
1/2 taza de manteca vegetal
2 huevos
1 cucharita de vainilla

    Se cierne la harina, el azúcar, el polvo
de hornear, el bicarbonato, la sal y las
especias (si desee) en un plato hondo. Se
agrega 1/2 taza de plátanos, la manteca y los
huevos; se mezcla a velocidad mediana por 2
minutos con batidor eléctrico. Se añade lo
demás de los plátanos y la vainilla; se bate por
1 minuto más. Se pone el batido en moldes
engrasados con forros de papel parafinado (2
charolas de 20 por 20 centímetros o una de 32
por 23 centímetros).

    Se hornea a 190 grados centígrado:
charolas de 20 centímetros durante 25
minutos; charola de 32 por 23 centímetros
durante 35 minutos. Se puede poner crema
encima o guarnecer con crema batida y
rebanadas de plátano.

The Aztecs enjoyed peanuts and chocolate
long before Cortez and his men arrived. This
recipe combines peanut butter with chocolate
or fruit in a way that Montezuma would have
found delightful.

PEANUT BUTTER CHEESE CAKE

for pie shell:
1 cup graham cracker crumbs
3 tablespoons sugar
3 tablespoons margarine, melted

for filling:
2 8-ounce packages cream cheese
1 cup sugar
1/2 cup peanut butter
3 tablespoons flour
4 eggs
1/2 cup milk

for topping:
1/2 cup strawberry jam
      or
1/4 cup chocolate chips

Combine crumbs, sugar and margarine;
press into bottom of 9-inch springform pan.
Bake at 325 degrees for 10 minutes. Remove
from oven; increase temperature to 450
degrees.

Combine softened cream cheese,
sugar, peanut butter and flour, mixing at
medium speed on electric mixer until well
blended. Batter will be very stiff. Add eggs,

Los Aztecas disfrutaron los cacahuetes y el chocolate mucho antes de que Cortez y sus tropas llegaron. Esta receta se combina la mantequilla de cacahuetes con chocolate o fruta en una manera que le hubiera fascinado a Moctezuma.

PASTEL DE QUESO Y CACAHUETES

para la corteza:
1 taza de migajas de galletas canelas
3 cucharadas de azúcar
3 cucharadas de margarina, derretida

para el relleno:
2 paquetes (227 gramos c/u) de queso crema
    (Filadelfia)
1 taza de azúcar
1/2 taza de mantequilla de cacahuete
3 cucharadas de harina
4 huevos
1/2 taza de leche

para encima:
1/2 taza de mermelada de fresa
    o
1/3 taza de pedacitos de chocolate

    Combinar las migajas, el azúcar y la margarina; extender la mezcla en el fondo de una charola de 23 centímetros que se puede quitar los lados. Hornear a 165 grados centígrado por 10 minutos. Remover del horno; subir la temperatura a 230 grados.

    Combinar el queso crema, azúcar, mantequilla de cacahuete y la harina,

one at a time, mixing well after each addition. Blend in milk. Pour mixture over crust.

Bake at 450 degrees for 10 minutes. Reduce oven temperature to 250 degrees; continue to bake for 40 minutes. If topping with chocolate chips, sprinkle them evenly over the top before the last 5 minutes of baking.

Loosen cake from rim of pan; cool before removing rim of pan. If topping with strawberry jam, soften it by warming it in a double boiler. Spread over top of cake just before removing rim.

mezclando con batidora eléctrica a velocidad mediano hasta bien combinado. La masa será muy espesa. Añadir los huevos uno a la vez, mezclando bien después de cada adicion. Agregar la leche. Poner la mezcla en la charola encima de la corteza.

Hornear a 230 grados por 10 minutos. Bajar la temperatura a 125 grados; continuar a hornear por 40 minutos más. Si va poner chocolate de adorno, rociar las piecitas encima antes de los últimos 5 minutos de hornear para derretirlas.

Soltar el pastel de los lados de la charola al quitarlo del horno; dejar enfriar antes de quitar los lados de la charola. Si va adornar con mermelada de fresa, ablandarla en un baño de María a fuego regular. Extender la mermelada encima del pastel justo antes de quitar los lados de la charola.

FRUIT IN SOUR CREAM

2 bananas, sliced
1/2 cup seedless grapes
1 small orange, peeled and sliced
3 tablespoons sugar
1 cup sour cream
1/4 teaspoon nutmeg
2 teaspoons grated orange peel

Combine bananas, grapes and orange slices in salad bowl; sprinkle with sugar. Toss fruit with sour cream. Sprinkle with nutmeg and orange peel. Chill and serve. Serves 4.

FRUTA EN CREMA AGRIA

2 plátanos en rebanadas
1/2 taza de uvas sin semillas
1 naranja pequeña, pelada y en rebanadas
3 cucharadas de azúcar
1 taza de crema agria
2 pellizcos de nuez moscada
2 cucharitas de cáscara de naranja, rallada

Combine los plátanos, las uvas y la naranja en una ensaladera; salpique con azúcar. Añada la crema agria y mezcle bien. Rocíe con la nuez moscada y la cascara de naranja. Enfríe bien y sirva. Rinde 4 porciones.

These are crispy cookies with the goodness of sesame seeds.

SESAME WAFERS

1/2 cup margarine
1 cup brown sugar
1 teaspoon vanilla
1 egg, unbeaten
1/2 cup sesame seeds
1 cup flour
1/4 teaspoon baking powder
1/2 teaspoon salt

Toast sesame seeds at 375 degrees for 8–10 minutes, stirring frequently. Cream together margarine and brown sugar. Beat in vanilla, egg and toasted sesame seeds. Add flour, baking powder and salt and mix well.

Chill; roll into small balls and bake 3 inches apart on greased cookie sheet. Bake at 375 degrees for 8–10 minutes. Cool 1 minute before removing from pan.

Estas son galletas doradas con rico sabor de ajonjolí.

GALLETAS DE AJONJOLÍ

1/2 taza de margarina
1 taza de azúcar moreno
1 cucharita de vainilla
1 huevo
1/2 taza ajonjolí
1 taza harina
1/4 cucharita polvo de hornear
1/2 cucharita sal

Tostar el ajonjolí en el horno a 190 grados centígrado durante 8–10 minutos, moviendo a menudo. Batir juntos la margarina y el azúcar moreno. Agregar el vainilla, el huevo y el ajonjolí tostado. Añadir la harina, polvo de hornear y sal y mezclar bien.

Enfriar; formar en bolas y hornear en una lámina engrasada separadas durante 8 centímetros. Hornear a 190 grados durante 8–10 minutos. Enfriar por 1 minuto antes de remover de la lámina.

BANANA MARSHMALLOW PUDDING

3 1/4–ounce package vanilla pudding and pie
      filling mix
Marias (cookies) or vanilla wafers
2 bananas, sliced
2 1/2 cups miniature marshmallows

Prepare mix as directed for pudding on package. Line bottom and sides of 10" by 6" baking dish with wafers.

Layer half of the banana slices, half of pudding and 1 cup of marshmallows in baking dish; cover with additional wafers. Layer remaining banana slices, pudding and marshmallows on top.

Bake at 350 degrees for 20 minutes or until marshmallows are golden brown. Serve warm. Serves 6.

PUDÍN DE PLÁTANO

1 paquete de pudín sabor vainilla (190 gramos)
Marías o galletas vainillas
2 plátanos en rebanadas
2 1/2 tazas de bombones de malvavisco

Se prepare el pudín según las instrucciones en el paquete. Se hace un forro de galletas en un molde de 25 por 15 centímetros.

Se pone la mitad de las rebanadas de plátano, la mitad del pudín y una taza de bombones en capas. Se cubre con más galletas, luego las demás rebanadas de plátano, lo demás pudín y encima los demás bombones.

Se hornea a 180 grados centígrado por 20 minutos o hasta que los bombones son dorados. Se sirve caliente. Rinde 6 porciones.

The Aztecs introduced peanuts and chocolate to the Europeans who came to their continent.

PEANUT BUTTER PINWHEELS

2 cups flour
1 teaspoon soda
1/2 teaspoon salt
1 cup soft margarine
1 cup brown sugar
1 cup crunchy peanut butter
1 egg
1 teaspoon vanilla
16 ounces Mexican chocolate in tablets, or
        chocolate chips
1 tablespoon margarine

Sift together flour, soda and salt; set aside. Beat margarine until light; cream in brown sugar. Beat in peanut butter, egg and vanilla. Add flour gradually, mix well. Dough will be stiff. Refrigerate 30 minutes to chill. Roll dough on lightly floured wax paper.

Melt chocolate over hot (not boiling) water in double boiler. Add margarine; mix and let cool. Spread filling over cookie dough. Roll up like a jelly roll; seal edges. Cut into 1/8" thick slices and bake on lightly greased cookie sheets at 375 degrees for 8–10 minutes or until light brown. Remove to wire rack to cool. Makes 9 dozen.

Los Aztecas dieron de conocer chocolate y cacahuetes a los europeos que vinieron a su continente.

MOLINETES DE CACAHUETE

2 tazas de harina
1 cucharita de bicarbonato de sodio
1/2 cucharita sal
1 taza margarina, no fría
1 taza azúcar moreno
1 taza mantequilla de cacahuetes
1 huevo
1 cucharita vainilla
.45 kilo chocolate en tabletas o piecitas
1 cucharada margarina

Se cierne la harina, bicarbonato y sal juntos; se pone a un lado. Se bate la margarina hasta esponjada; se agrega el azúcar moreno y mezcla bien. Se añade la mantequilla de cacahuetes, el huevo y la vainilla. Se combina la harina poco a poco y mezcla bien. La masa será espesa. Se enfría en el refrigerador por 30 minutos. Se extiende la masa en un papel parafinado con un poco de harina.

Se derrite el chocolate en un baño de María con agua caliente, pero no hirviendo. Se añade la margarina; mezcla y deja enfriar. Se extiende el relleno de chocolate en la masa. Se enrolla la masa y se sella la orilla. Se corta en rebanadas de 1/2 centímetro y se hornea en láminas engrasadas a 190 grados centígrado por 8-10 minutos o hasta dorados. Se quita a rejillas para enfriar.
Rinde 108 galletas.

These can be a hearty snack or accompany a meal. Made with fruit, they are a filling dessert.

FRUIT TAMALES

24 corn husks or green banana leaves or
    sheets of baking parchment
1/3 cup shortening
2 cups instant corn flour (masa harina)
2 teaspoons double–acting baking powder
1 1/2 teaspoons salt
1 1/2 cups lukewarm chicken stock

the filling:
1 cup diced pineapple
1/4 cup raisins
1/4 cup nuts

If using corn husks or banana leaves, soak them in hot water for 30 minutes. Cream the shortening for about ten minutes with electric mixer until light and fluffy. In another bowl, mix the corn flour (masa harina), baking powder and salt together; beat this mixture a little at a time into the shortening. Slowly add the stock, stirring constantly; beat for 4 to 5 minutes until a soft, moist dough is formed.

Mix pineapple, raisins and nuts together for the filling. Drain the corn husks or banana leaves and pat dry.

Place a tablespoon of dough in the center of a corn husk, banana leaf or sheet of baking paper. Spread it into a rectangle that almost reaches the long side of the leaf. Drop a heaping tablespoon of filling in the center of

Estos pueden ser una botana nutritiva o de otro lado, formar parte de una comida. Hechos con fruta, son un postre fuerte.

TAMALES DE FRUTA

24 hojas de maíz, o de plátano, o papel de
     hornear
1/3 taza de manteca
2 tazas de masa harina
2 cucharitas de polvo de hornear de doble
     acción
1 1/2 cucharitas de sal
1 1/2 tazas de caldo de pollo

el relleno:
1 taza de piña en cubos
1/4 taza de pasas
1/4 taza de nueces

     Si se usa hojas de maíz o de plátano, remojarlas en agua caliente por 30 minutos. Batir la manteca por 10 minutos con batidor eléctrico. En otro plato hondo, mezclar la masa harina, el polvo de hornear y la sal; agregar esto poco a poco a la manteca. Añadir el caldo poco a poco a la mezcla mientras se mueve constantemente. Batir por 4–5 minutos hasta que forma una masa blanda y húmeda.

     Combinar la piña, las pasas y las nueces por el relleno. Colar las hojas de maíz o de plátano y secarlas. Poner una cucharada de masa en una hoja. Extenderla para formar un rectángulo que casi alcanza la orilla larga de la hoja. Poner una cucharada de relleno encima de la maza. Doblar un lado de la hoja

the dough. Fold one side of the wrapper a little more than halfway across the filling and bring the opposite side over the first fold. Turn the ends up to cover the seam, overlapping them. You may wish to tie the ends with strips of corn husk, banana leaf or twine.

Lay the tamales seam side down in a large metal colander, making as many layers as necessary. Place the colander in a deep pot and pour in enough water to come within one inch of the bottom of the colander. Bring the water to a boil over high heat, tightly cover the pot and reduce to low heat.

Steam tamales for 1 hour, adding more boiling water as necessary. Remove tamales with tongs and serve on a heated platter. Tamales may be cooked ahead and reheated by steaming for 1/2 hour or in microwave for about 1 minute per tamale. Use your imagination for the fillings—there are lots of possibilities.

para cubrir la mitad del relleno y doblar el otro
lado para que se cubre por completo el
relleno. Doblar los cabos para tapar la juntura.
Se puede amarrar los cabos con tiras de hoja
o con cuerda, si desee.

Poner los tamales en un colador con la
juntura hacia abajo. Acomodarlos en capas.
Poner el colador en una olla honda y agregar
suficiente agua para que está 2 centímetros
abajo del colador. Hervir el agua, tapar la olla
y rebajar a fuego lento.

Cocer los tamales a vapor por 1 hora,
agregando más agua cuando sea necesario.
Remover los tamales con pinzas y servir en un
plato caliente. Los tamales se puede preparar
de adelantado y calentar a vapor por 1/2 hora
o en microondas por 1 minuto por tamal. Se
puede usar la imaginación e inventar otros
rellenos. Hay un sinfín de posibilidades.

NOTES/NOTAS

BREAKFAST &
MISCELLANEOUS

DESAYUNO Y
MISCELANEO

RANCH STYLE EGGS

for the sauce:
3 tablespoons vegetable oil
1 cup finely chopped onions
1/2 teaspoon finely chopped garlic
5 medium tomatoes, peeled, seeded and
        chopped
3 canned serrano chilies, drained, rinsed and
        chopped
1 teaspoon salt
dash ground black pepper
2 tablespoons chopped cilantro

for the eggs:
1/3 cup vegetable oil
12 tortillas
6 tablespoons margarine
12 eggs
1 large ripe avocado, peeled and sliced thin

Heat 3 tablespoons of vegetable oil in a large saucepan over moderate heat until a light haze forms above it. Add the onions and garlic and cook them, stirring frequently until the onions are soft and transparent, not brown.

Stir in the tomatoes, chilies, salt and pepper. When the mixture boils, reduce heat and simmer uncovered, stirring occasionally, for 15 minutes or until the sauce is thick. Turn off the heat, add the cilantro and cover the pan to keep the sauce warm.

Heat 2 tablespoons of oil in a heavy skillet over high heat. One at a time, fry the tortillas for about 1 minute on each side or until they are golden; add more oil as necessary.

HUEVOS RANCHEROS

para la salsa:
3 cucharadas aceite comestible
1 taza cebolla picada
1/2 cucharita ajo picado
5 tomates medianos, pelados, sin sus semillas
    y picados
3 chiles serranos, picados
1 cucharita sal
1 pellizco pimienta negra
2 cucharadas cilantro picado

para los huevos:
1/3 taza aceite comestible
12 tortillas
6 cucharadas margarina
12 huevos
1 aguacate grande, pelado y en rebanadas

Se calienta 3 cucharadas de aceite en un sartén grande a fuego regular hasta que se forma una nube. Se agrega las cebollas y ajo, moviéndolo a menudo y se los cuece hasta que las cebollas son transparente.

Se combina los tomates, chiles, sal y pimienta. Cuando hierve, se rebaja a fuego lento y se cuece durante 15 minutos sin tapar o hasta que la salsa es espesa. Se quita del fuego y se agrega el cilantro. Se tapa el sartén para mantener caliente la salsa.

Se calienta 2 cucharadas de aceite en un sartén a fuego vivo. Una a la vez, se fría las tortillas por 1 minuto en cada lado o hasta que son doradas; se puede agregar más aceite si se necesita. Se pone las tortillas en

Drain the tortillas on paper towel as they are done. Place 2 tortillas side by side on each warmed serving plate.

Melt 3 tablespoons of the margarine over moderate heat in a heavy skillet. Fry the eggs 6 at a time until the whites are set and the yolks are still soft. Separate the eggs with a spatula and carefully place one egg on each tortilla on the plates. Fry the remaining 6 eggs in the remaining margarine in the same way.

Spoon a ring of the hot sauce around the edge of each egg; garnish with avocado slices and serve immediately. Serve the extra sauce in a small bowl. Serves 6.

toallas de papel para escurrir. Se pone 2
tortillas en cada plato individual.

Se derrite 3 cucharadas de margarina a
fuego regular en un sartén. Se fría los huevos
6 a la vez hasta que los claros son blancos y
las yemas son blandas todavía. Se separa los
huevos con espátula y con cuidado se pone
un huevo en cada tortilla en los platos. Se fría
los demás huevos en la misma manera con lo
demás de la margarina.

Se pone la salsa caliente alrededor de
cada huevo; se guarnece con rebanadas de
aguacate y se sirve inmediatamente. Se sirve
la salsa que queda en un plato a un lado.
Rinde 6 porciones.

AVOCADO OMELET

3 eggs, at room temperature
3 tablespoons milk
dash hot sauce (optional)
dash chili powder
3 teaspoons margarine
1/2 avocado, sliced

Beat eggs with a fork until fluffy. Add milk, hot sauce if desired, and chili powder.

In a skillet, melt margarine until it sizzles. Pour omelet mixture into skillet. Cook slowly over low heat.

As the underpart becomes set, slightly lift it with a spatula so that the uncooked part will flow underneath. Continue cooking till golden. Just before folding, add avocado slices.

Serve on a warm platter. Serves 1 hungry person or two moderate appetites.

OMELÉT DE AGUACATE

3 huevos al tiempo ambiental
3 cucharadas de leche
unas gotas de salsa picante (opcional)
un poco de polvo de chile
1 cucharada de margarina
1/2 aguacate, en rebanadas

Bata los huevos con un tenedor hasta que son ligeros. Agregue la leche, salsa picante si desee, y el polvo de chile.

En un sartén, derrita la margarina hasta chirriar. Ponga la mezcla de omelét en el sartén. Cocine a fuego lento.

Cuando la parte inferior se cuece, suavemente levántela con espátula para que la parte sin cocer fluye abajo. Continúe cocinando hasta dorado y cocido. Antes de doblar, agregue las rebanadas de aguacate.

Sirva en un plato caliente. Rinde para una persona con hambre o dos apetitos moderados.

DEVILED EGGS

6 eggs at room temperature
1/4 teaspoon salt
dash of cayenne (optional)
1/8 teaspoon pepper
1/3 cup mayonnaise
1/2 teaspoon minced onion
1 tablespoon chopped parsley
paprika
pimento slices
stuffed green olives, sliced

Fill a large saucepan with water, bring to a boil. With a spoon gently lower eggs into water. Reduce heat. Keep water simmering until eggs are cooked. Turn eggs several times to keep yolks centered.

Simmer for 18 to 20 minutes. Crack shells and cool eggs under cold water to prevent discolored yolks and make the eggs easy to peel. When thoroughly cool, peel eggs and slice in half lengthwise.

Remove yolks and mash them with a fork in a bowl. Add salt, cayenne, pepper, mayonnaise and onion. Beat until fluffy.

Refill egg whites; arrange on serving dish; garnish with paprika, chopped parsley, pimento slices and sliced, stuffed green olives. Makes 12 halves.

HUEVOS RUSOS

6 huevos al tiempo ambiental
1/4 cucharita de sal
un poco de cayena (opcional)
1 pellizco de pimienta
1/3 taza de mayonesa
1/2 cucharita de cebolla picada
1 cucharada de perejil, picado
paprika
rebanadas de pimiento
aceitunas rellenas con pimiento, en rebanadas

Llenar una olla grande con agua, hervirla a fuego vivo. Con una cuchara, suavemente bajar los huevos al agua. Bajar a fuego regular y mantener el agua a punto de hervir mientras cuecen los huevos. Voltear los huevos varias veces mientras cuecen para que la yema está en medio.

Cocinar por 18–20 minutos. Romper las cáscaras y enfriar los huevos en un chorro de agua fría para prevenir que se descoloran. Cuando están bien fríos, quitar las cáscaras y cortarlos en medio por lo largo.

Remover las yemas y machucarlas con un tenedor en un plato hondo. Añadir la sal, cayena (si desee), pimienta, mayonesa y cebolla. Batir bien hasta sedoso.

Rellenar los claros; arreglarlos en un plato de servir; salpicar con paprika y perejil picado. Guarnecer con rebanadas de aceituna o pimiento. Rinde 12 mitades.

BEAN SANDWICHES

2 tablespoons salad oil
1/2 cup chopped onion
1 28-ounce can pinto beans, drained or refried
    beans
1/2 cup sliced jalapeno peppers (optional)
2 bolillos, sliced length-wise
4-8 slices asadero or Jack cheese

Preheat broiler if necessary. In 10-inch skillet, over medium-high heat, cook onion in hot salad oil until tender, about 5 minutes. Stir in beans and jalapenos; heat.

Arrange sliced bolillos on cookie sheet; toast bread in broiler 2 minutes or until lightly browned on both sides, turning once. Top bolillos with cheese slices and broil about 1 minute or until cheese melts.

To serve, place cheese toast on 4 dinner plates. Spoon bean mixture on top of toasted bolillos. Serve with knife and fork. Makes 4 main-dish servings.

MOLLETES

2 cucharadas de aceite comestible
1/2 taza de cebolla, picada
1 lata de frijoles pintos, sin su jugo, o frijoles
    refritos
1/2 taza de chiles jalapeños, en rebanadas
    (opcional)
2 bolillos, cortados en dos por lo largo
4-8 rebanadas de queso Asadero o Jack

Calentar la parrilla, si es necesario. En un sartén a fuego medio alto, cocinar la cebolla en el aceite hasta tierno, durante aproximadamente 5 minutos. Agregar los frijoles y chiles jalapeños (si ud. desee); calentar.

Arreglar las piezas de bolillos en una lámina; tostar el pan en la parrilla por 2 minutos en cada lado, o hasta dorados, volteando una vez. Poner el queso encima de los bolillos y volverlos a la parrilla por 1 minuto más, o hasta que se derrite el queso.

Para servir, poner un bolillo en cada uno de 4 platos, encima poner la mezcla de frijoles. Se sirve con tenedor y cuchillo. Rinde 4 porciones de platillo fuerte.

This dish is from ancient Peru, but is enjoyed throughout Latin America. If you are blessed with a fisherman in the family, this is an easy way to fix the catch of the day.

MARINATED FISH

1 cup lime juice
1 cup lemon juice
4 dried hontaka or ancho chilies, seeded and
        pulverized in blender
2 red onions
1/2 teaspoon minced garlic
1 teaspoon salt
dash ground black pepper
2 pounds filet of sole cut into 1 inch pieces (or
        other firm, white, delicately flavored fish)
lettuce leaves or tostada shells

Cut away the stem and seed the chilies; pulverize them in the blender or with a mortar and pestle. Slice the red onion thinly and separate into rings. In a bowl, mix the lime juice, lemon juice, ground dried chilies, onion rings, garlic, salt and a few dashes of pepper. Arrange the fish in a flat glass or ceramic dish (not metal). Pour the marinade over it. If the marinade does not cover the fish, add more lemon or lime juice.

Cover and refrigerate for 3 hours or until the fish looks opaque and white. Lift the fish from the marinade with a slotted spoon. As an appetizer or snack serve on tostada shells, garnished with onion slices from marinade. Or, ceviche may also be served on lettuce leaves garnished with onion slices. Serves 10–12.

Este platillo es del antiguo Perú, pero se disfruta en todo Latino América. Si usted tiene la dicha de tener un pescador en la familia, esta receta es buena y fácil.

CEBICHE

1 taza jugo de limón verde
1 taza jugo de limón amarillo
4 chile hontaka o ancho, secos y molidos
2 cebollas rojas en aros delgados
1/4 cucharita ajo picado
pimienta negra
1 kilo filetes de pescado blanco, en cubos de 2
    centímetros
hojas de lechuga o tortillas tostadas

Quitar los tallos y las semillas de los chiles. Pulverizarlos en una licuadora o en molcajete. Cortar las cebollas en aros finos. En un plato hondo, mezclar los jugos, los chiles, aros de cebolla, ajo, sal y un poco de pimienta. Poner los cubos de pescado en un plato de cristal o cerámica (un plato de metal afecta el sabor) y poner el escabeche encima. Si el escabeche no cubra el pescado por completo, se puede agregar más jugo de limón.

Tapar y poner en el refrigerador por 3 horas o hasta que el pescado es blanco y opaco. Levantar el pescado del escabeche con una cuchara con agujeros. Para una botana o un entremeses, servir en tortillas tostadas con aros de cebolla del escabeche para adornar. Para una ensalada, servir en hojas de lechuga y adornar con aros de cebolla. Rinde 10-12 porciones.

CHILI CHEESE DIP

1 onion, chopped
1 tablespoon cooking oil
1 pound of cheddar cheese, cubed
1 large can tomatoes
1 green chili

Seed and chop the chili; saute the chili and onion in the oil. Add the tomatoes and cheese. Heat over a medium flame until the cheese is melted, stirring frequently. Serve in a chafing dish with warm tortillas for dipping.

CHILE CON QUESO

1 cebolla picada
1 cucharita de aceite comestible
.45 kilos de queso cheddar, en cubos
1 lata grande de tomates
1 chile verde

Se lava el chile, se quita las semillas y se pica. En un sartén, se dora la cebolla y el chile en el aceite comestible. Se añade los tomates y el queso. Se cuece a fuego regular, moviendo a menudo, hasta que el queso está derretido. Se sirve en un braserillo con tortillas calientes.

Every bartender has his own secret ingredients for the Margarita, a drink invented in Tijuana and named after the girl who inspired it. If you don't know where to start, here is a basic recipe.

MARGARITA

1 slice lime
coarse salt
1/2 ounce fresh lime juice
1 1/2 ounces tequila
1/2 ounce orange liqueur (Triple Sec or
      Cointreau)
3–4 ice cubes
1 chilled 4 ounce glass

    Rub the slice of lime along the rim of the chilled glass. Put the salt in a saucer and dip the rim of the glass in it to coat it with salt.

    Combine the lime juice, tequila, orange liqueur and ice cubes in a cocktail shaker. Shake vigorously several times. Strain the Margarita into the chilled, salt–rimmed glass with ice cubes.

    The Margarita is frequently done in a blender, resulting in a thick, frosty drink. Those who try it "on the rocks" as above, almost universally acclaim it a better Margarita.

Cada cantinero tiene su propio ingrediente secreto para la Margarita, un trago inventado en Tijuana y nombrado por la muchacha que lo inspiró. Si usted no tiene idea en donde empezar, hemos aquí una receta básica.

MARGARITA

1 rebanada limón verde
sal
1/2 onza de jugo de lima
1 1/2 onzas de tequila
1/2 onza crema de naranja (Triple Sec o
      Cointreau)
3-4 cubos de hielo
1 copa fría (de 4 onzas)

     Frote la rebanada de limón verde en el borde de la copa fría. Ponga la sal en un platito y meta el borde de la copa en él para darle una capa de sal.

     Combina el jugo de lima, tequila, crema de naranja y el hielo en una coctelera. Agite bien varias veces. Cuele la Margarita en la copa fría con unos hielos.

     La Margarita a menudo se hace en la licuadora, que resulta un trago espumoso y espeso. Los que la prueban "en las rocas" tal como aquí, siempre dicen que es mejor.

This spiced juice concoction is perfect to accompany tequila. Who knows where it got its morbid name?

WIDOW'S BLOOD

2 cups tomato juice
2 ounces orange juice
3 ounces lime juice
2 tablespoons minced onion
1/2 teaspoon finely chopped, seeded fresh hot
      chili or 2 dried, crumbled pequin chilies
1/2 teaspoon salt

     In a blender jar, mix the orange juice, onion, chili and salt. Pour into a 1 quart jar with a tightly fitting lid. Add the tomato juice and lime juice and mix completely.

     Chill thoroughly before serving. Makes 6 servings. Unused "*sangre de viuda*" may be stored in refrigerator.

     Serve in chilled 4 ounce glass, along with a shot of tequila. The "*sangre de viuda*" is drunk as a chaser for tequila.

Este jugo sazonado es perfecto para acompañar tequila. ¿Quién sabe donde obtuvo su nombre moribundo?

SANGRE DE VIUDA

2 tazas jugo de tomate
2 onzas (70 mililitros) jugo de naranja
3 onzas (105 mililitros) jugo de limón verde
2 cucharadas cebolla picada
1/2 cucharita chile picado, sin sus semillas o 2
     chile pequín, molidos
1/2 cucharita sal

En la licuadora se mezcla el jugo de naranja, cebolla, chile y sal. Se pone en un frasco de un litro que se puede tapar bien. Se agrega el jugo de tomate y de limón verde y se mezcla bien.

Se enfría bien antes de servir. La sangre de viuda que no se usa se puede guardar en el refrigerador.

Se sirve en vasos fríos de 4 onzas, con una copa de tequila. La sangre de viuda se toma después de cada sorbo de tequila. Rinde 6 porciones.

The Aztecs were using popcorn centuries before movies, football and television were invented. This spiced-up version makes an excellent snack for these and other pastimes.

MEXICAN POPCORN

5 tablespoons margarine
1 teaspoon paprika
1/2 teaspoon crushed red pepper
1/2 teaspoon ground cumin
1 cup popcorn kernels
6 tablespoons grated Cotija or Parmesan
    cheese

Melt the margarine in a saucepan; stir in the paprika, red pepper and cumin. Set aside to cool.

Pop popcorn according to your favorite method and instructions. It should make about 11-12 cups when popped.

Place popcorn in a large bowl; pour spice mixture over it; sprinkle with grated cheese. Toss until popcorn is coated evenly. Serve hot.

Los Aztecas disfrutaron las palomitas de maíz siglos antes de que se inventaron el cine, el fútbol y la televisión. Esta receta picosa hace una botana excelente para estos pasatiempos y más.

PALOMITAS MEXICANAS

5 cucharadas de margarina
1 cucharita de paprika
1/2 cucharita chile rojo seco, machucado
1/2 cucharita comino molido
1 taza de maíz para palomitas
6 cucharadas queso Cotija o Parmesano,
    rallado

Se derrite la margarina en un sartén; se agrega la paprika, el chile y el comino. Se mezcla y se pone a un lado para enfriar.

Se hace las palomitas según su receta favorita. Debe de rendir 3 litros más o menos.

Se pone las palomitas en un plato grande; se pone la margarina con especias encima, luego el queso. Se mueve las palomitas hasta que tiene una capa uniforme. Se sirve caliente.

These savory nuts are a great appetizer, snack, or accompaniment to salad. They make an appreciated gift, when packaged in a pretty jar.

OAXACAN NUTS

2 tablespoons oil
2–3 dashes hot sauce (optional)
2 teaspoons garlic salt
2 pounds canned mixed nuts
1 package chili seasoning mix
2 teaspoons chili powder

Heat oil with hot sauce (if desired) and garlic salt. Add nuts; reduce heat and, using two spoons, toss until nuts are well–coated. Blend chili seasoning mix and chile powder; add to nuts. Toss until well–coated.

Store in air tight container for at least 2 days to blend flavors. Nuts may be frozen; reheat at 350 degrees for 5 minutes.

Estas nueces sabrosas son fantásticas como un entremes, botana o para acompañar una ensalada.

NUECES DE OAXACA

2 cucharadas de aceite
2–3 gotas de salsa picante (opcional)
2 cucharitas de sal de ajo
.9 kilos de nueces mixtas
1 paquete de especias de sazonar "chili"
      Tejano
2 cucharitas de polvo de chile

      Se calienta el aceite con la salsa picante (si desee) y la sal de ajo. Se agrega las nueces; se rebaja a fuego lento y usando dos cucharas, se mezcla hasta que las nueces tienen una capa uniforme. Se combina el paquete de especias con el polvo de chile y se añade a las nueces. Se mezcla bien.

      Se pone en frascos que sellan bien por 2 días, por lo menos, para desarrollar los sabores. Las nueces se puede congelar; se caliente de nuevo en el horno a 180 grados centígrado por 5 minutos.

These can be a hearty snack or accompany a
meal.

TAMALES

24 corn husks or green banana leaves or
      sheets of baking parchment
1/3 cup shortening
2 cups instant corn flour (masa harina)
2 teaspoons double-acting baking powder
1 1/2 teaspoons salt
1 1/2 cups lukewarm beef or chicken stock

the filling:
1 1/2 cups mole poblano, diced and moistened
      with its sauce
      or
1 cup cheese cut in fingers
1/2 cup strips of mild California chilies or green
      bell pepper

     If using corn husks or banana leaves,
soak them in hot water for 30 minutes. Cream
the shortening for about ten minutes with
electric mixer until light and fluffy. In another
bowl, mix the corn flour (masa harina), baking
powder and salt together; beat this mixture a
little at a time into the shortening. Slowly add
the stock, stirring constantly; beat for 4 to 5
minutes until a soft, moist dough is formed.

     Drain the corn husks or banana leaves
and pat dry. Place a tablespoon of dough in
the center of a corn husk, banana leaf or sheet
of baking paper. Spread it into a rectangle that
almost reaches the long side of the leaf. Drop
a heaping tablespoon of filling in the center of

Estos pueden ser una botana nutritiva o
formar parte de una comida.

TAMALES

24 hojas de maíz, o de plátano, o papel de
    hornear
1/3 taza de manteca
2 tazas de masa harina
2 cucharitas de polvo de hornear de doble
    acción
1 1/2 cucharitas de sal
1 1/2 tazas de caldo de res o pollo

el relleno:
1 1/2 tazas de mole poblano, picado y con un
    poco de su salsa
    o
1 taza de queso en tiras
1/2 taza de rajas de chile California

Si se usa hojas de maíz o de plátano,
remojarlas en agua caliente por 30 minutos.
Batir la manteca por 10 minutos con batidor
eléctrico. En otro plato hondo, mezclar la
masa harina, el polvo de hornear y la sal;
agregar esto poco a poco a la manteca. Añadir
el caldo poco a poco a la mezcla mientras se
mueve constantemente. Batir por 4-5 minutos
hasta que forma una masa blanda y húmeda.

Colar las hojas de maíz o de plátano y
secarlas. Poner una cucharada de masa en
una hoja. Extenderla para formar un
rectángulo que casi alcanza la orilla larga de la
hoja. Poner una cucharada de relleno encima
de la maza. Doblar un lado de la hoja para

the dough. Fold one side of the wrapper a little more than halfway across the filling and bring the opposite side over the first fold. Turn the ends up to cover the seam, overlapping them. You may wish to tie the ends with strips of corn husk, banana leaf or twine.

Lay the tamales seam side down in a large metal colander, making as many layers as necessary. Place the colander in a deep pot and pour in enough water to come within one inch of the bottom of the colander. Bring the water to a boil over high heat, tightly cover the pot and reduce to low heat.

Steam tamales for 1 hour, adding more boiling water as necessary. Remove tamales with tongs and serve on a heated platter with salsa in a separate dish. Tamales may be cooked ahead and reheated by steaming for 1/2 hour or in microwave for about 1 minute per tamale. Use your imagination for the fillings—there are lots of possibilities.

cubrir la mitad del relleno y doblar el otro lado para que se cubre por completo el relleno. Doblar los cabos para tapar la juntura. Se puede amarrar los cabos con tiras de hoja o con cuerda, si desee.

Poner los tamales en un colador con la juntura hacia abajo. Acomodarlos en capas. Poner el colador en una olla honda y agregar suficiente agua para que está 2 centímetros abajo del colador. Hervir el agua, tapar la olla y rebajar a fuego lento.

Cocer los tamales a vapor por 1 hora, agregando más agua cuando sea necesario. Remover los tamales con pinzas y servir en un plato caliente con salsa en otro plato. Los tamales se puede preparar de adelantado y calentar a vapor por 1/2 hora o en microondas por 1 minuto por tamal. Se puede usar la imaginación e inventar otros rellenos. Hay un sinfín de posibilidades.

Chicken
    chicken mole poblano, 82
    chicken ranchero, 64
    chicken steamed in fruit juice, 88
    chicken vegetable bake, 60
    chicken wings in beef gravy, 66
    chicken with avocado, 56
    chicken with rice, 50
    enchiladas in green sauce, 78
    red enchiladas, 68
    tamales, 214
Cookies
    caramel bars, 162
    lemon bars, 168
    peanut butter pinwheels, 184
    sesame wafers, 180
Desserts
    avocado bread, 144
    banana cream cake, 172
    banana marshmallow pudding, 182
    caramel bars, 162
    cheese turnovers, 164
    custard, baked , 166
    fruit in sour cream, 178
    fruit tamales, 186
    lemon bars, 168
    mints, no-cook 170
    oatmeal date bread, 148
    peanut butter cheese cake, 174
    peanut butter pinwheels, 184
    pumpkin bread, 152
    sesame wafers, 180
    stuffed chayote squash, 160
Drinks
    margarita, 206
    widow's blood, 208
Egg dishes
    avocado omelet, 196
    deviled eggs, 198
    ranch style eggs, 192
Ensaladas
    aderezo de limón, 45
    ensalada de arroz español, 47
    ensalada de atún mexicana, 27
    ensalada de ejotes, 23
    ensalada de repollo con manzanas, 17
    popurrí de verduras, 33
    rebanadas de tomate en escabeche, 123

ORDER FORM

To order additional copies of **Bilingual Cooking**, photocopy this handy order form:
Please send me _____ copies of **Bilingual Cooking** @ $12.95 each, plus $2.00 postage and handling per book. Please send book(s) to:

name_____

address_____

city, state, zip_____

Make check or money order payable to:
In One Ear Press. Mail your order to:

In One EAR Press
3527 Voltaire St.
San Diego CA 92106

Wholesale discounts available, inquiries welcome.

FORMA PARA PEDIDOS

Favor de enviarme _____ ejemplares de **La Cocina Bilingüe**, en $12.95 (EE.UU.) cada uno, más $2.00 de envio. Favor de mandar los libros a:

nombre _____

dirección _____

ciudad, estado _____

país, C.P._____

Hacer el cheque a nombre de: In One EAR Press. Enviar su pedido a: In One EAR Press 3527 Voltaire St., San Diego CA 92106

Credit card orders, call toll−free 1−(800) 356−9315